Gottesdienst im Gefängnis

D1721974

Praxis Gefängnisseelsorge

Herausgegeben von Peter Rassow
in Verbindung mit der Konferenz
der evangelischen Pfarrer
an den Justizvollzugsanstalten

Band 1: Gottesdienst im Gefängnis

Lutherisches Verlagshaus

Gottesdienst im Gefängnis

Erfahrungen – Orientierung – Konkretionen

Herbert Koch, Peter Rassow, Karl Steinbauer,
Christian Wahner, Werner Wendeberg

unter Mitarbeit von Gerhard Hechler, Peter Kratz
und Dietrich Schulz

Lutherisches Verlagshaus

© Lutherisches Verlagshaus GmbH, Hannover, 1984
Alle Rechte vorbehalten
Gesamtherstellung: Lengericher Handelsdruckerei, Lengerich
ISBN 3-7859-0509-2
Best.-Nr. 31134-0

Sonntag 20.1.74

Heute mußte für mich ein ruhiges Tag sein,
aber dies ist es nicht. Ich war Vormittag
in Kirche, war gut. Beten ist immer gut.
Hilft für Seele, dann kann ich stark bleiben. Hier muß Mensch Nerven haben.

*Gefängnistagebuch, mit der Hand,
in fünf Schulheften, geschrieben
von Vera Kamenko, jugoslawische
Gastarbeiterin*

Inhalt

Vorwort

Diese Veröffentlichung ist das Ergebnis einer Arbeitsgruppe der Konferenz der evangelischen Pfarrer an den Justizvollzugsanstalten in der Bundesrepublik Deutschland und in Berlin (West).

Die Auseinandersetzung mit dem Thema "Gottesdienst im Gefängnis" hat einen langen, auch immer wieder an der Praxis überprüften, Diskussions- und Verständigungsprozeß erfordert. Dies nicht zuletzt deshalb, weil es hierzu bisher keine Bearbeitungen gibt, auf die die Gruppe sich hätte beziehen können. Von daher sah sie ihre Aufgabe vorrangig darin, die vielfältigen, zum Teil grundsätzlichen Aspekte des Themas zu reflektieren und darzustellen. Dagegen lag es nicht in ihrer Absicht, lediglich eine Sammlung von zur Verwendung in Gefängnisgottesdiensten geeigneten Materialien zusammenzustellen. Die Gruppe erhofft sich, daß das, was sie hier vorlegt, als Orientierungshilfe und Anregung für die eigene Praxis hilfreich ist. Dem Außenstehenden soll sich zugleich ein gewisser Einblick in die Welt des Gefängnisses eröffnen.

Trotz zeitaufwendiger und intensiver Beschäftigung mit ihrem Thema ist sich die Gruppe am Ende ihrer Arbeit einiger Defizite bewußt. So fehlt zum Beispiel eine Thematisierung der Frage, inwieweit die Tatsache sich auf den Gottesdienst auswirkt, daß die Gefängnisgemeinde sich in ungleich stärkerem Maße als sonst aus Angehörigen der Unterschicht zusammensetzt, wohingegen die überlieferten gottesdienstlichen Formen und die kirchliche Sprachtradition ausgesprochen mittelschichtsgeprägt sind. Dasselbe gilt für die zum Strafvollzug gehörende Sonderung von Frauen und Männern, Erwachsenen und Jugendlichen. Was bedeutet es, wenn Gottesdienst in einer reinen Männer-, Frauen- oder Jugendlichenwelt stattfindet? Was bedeuten weiter bestimmte psychische Folgen der Inhaftierung wie zum Beispiel die häufig wahrzunehmenden Regressionstendenzen infolge von Entmündigung und Isolierung? Im Verlauf der Arbeit hat die Gruppe diese Fragenkomplexe zwar angeschnitten und so auch in ihre Sicht der Gesamtproblematik aufgenommen, sich aber überfordert gesehen, sie explizit zu behandeln.

Die Texte dieser Veröffentlichung sind mit einzelnen Verfassernamen gekennzeichnet; sie haben jedoch, soweit sie nicht Materialien oder eigene Erfahrungsberichte sind, eine zum Teil mehrfache Überarbeitung auf Grund der gemeinsamen Erörterung durchlaufen. Sie sind somit erheblich mehr als erkennbar ein Gruppenergebnis.

Gerhard Hechler und Peter Kratz haben uns dankenswerterweise mit ihren ergänzenden Beiträgen geholfen.

Angelika Bartz und Ilse Wittkugel danken wir für die Schreibarbeiten.

Im Namen der Arbeitsgruppe: Herbert Koch

Erfahrungen

Gerhard Hechler

Neuer Zugang zum Gottesdienst

Als Schulpfarrer Gast im Gefängnis

1958 war ich das erste Mal in einem Gefängnis, durch meine Mitwirkung beim Gottesdienst. Unser damaliger Gemeindepfarrer versah den Dienst im Gefängnis Darmstadt im Nebenamt und hatte uns, eine Jugendgruppe, mitgenommen. Wir sangen ein paar Lieder. Mein Eindruck: herkömmlicher Gottesdienst. Das Gefängnis lag damals noch am Rand der Innenstadt: Mauer mit Zinnen, Eisentor, dickwandige Häuser, düsteres Mauerwerk, schön schaurig. Etwa wie im Hauptmann von Köpenick: "Bis hierher hat mich Gott gebracht in seiner großen Güte."

Das zweite Mal im Gefängnis war ich in ähnlicher Mission, diesmal 1969 in der inzwischen neugebauten Justizvollzugsanstalt (JVA) Fritz-Bauer-Haus in Darmstadt-Eberstadt. Mein Lehrpfarrer von der Stiftsgemeinde hatte mich mitgenommen, er war Anstaltsseelsorger im Nebenamt. Den Gottesdienst hielt er provokativ, desinteressiert an der dortigen Situation, empfand ich. Garniert wurde er von einer Gruppe, die moderne (Heilsarmee-) Lieder sang, zur Gitarre. - Noch eine Erinnerung daran: man wollte mich nachher nicht mehr rauslassen, weil ich mich nicht ausweisen konnte.

Durch meine Vikarszeit in Darmstadt kannte ich den ersten hauptamtlichen Pfarrer in den JVAs Darmstadt und Dieburg. Ihn habe ich gelegentlich vertreten, auch noch von Weiterstadt aus, wo ich meine erste Pfarrstelle hatte. Die Gottesdienste, die ich damals gehalten habe, sollten anders sein: ich befleißigte mich eines schnodderigen Stils, fraternisierte also und brachte gelegentlich Konfirmanden mit, mit denen ich die Kirchenlieder vorsang. Ich glaubte damals, mit dieser "progressiven" Gottesdienstgestaltung der ungewöhnlichen Situation eines Gefängnisses entsprochen zu haben. Daß ich mich nicht ernsthaft auf die Situation der Gefangenen eingelassen hatte, merkte ich, als ich unvermittelt einen Bekannnten in der Reihe sitzen sah. Ich war so erschrocken, daß es etwas mit mir zu tun haben könnte, daß ich mit ihm weder damals noch danach in unserer Stammkneipe darüber geredet habe.

Es gab auch keine größere Nähe zu den Leuten in der JVA, nachdem wir einige Male eine Puppenspielergruppe in Weiterstadt zu Gast hatten bzw. zum Volleyballspielen mal in der JVA waren. Heute glaube ich, daß ich meinen eigenen Leuten nur mal "Randgruppen" zeigen wollte, vielleicht als Hinweis zu christlichem Engagement (zu dem ich selber sicher nicht bereit gewesen wäre).

Anders und intensiver, weil reflektierter, sind meine Erfahrungen in der jüngsten Zeit mit Gottesdiensten in der JVA Darmstadt. Es mag daran liegen, daß ich nicht mehr im Gemeindepfarramt bin, sondern im Schuldienst. Was das bedeutet, will ich an einigen Veränderungen zeigen:

ich beschäftige mich mit viel, viel mehr Problemen, Theorien, Personen als vorher, und ich habe eine weitaus größere Toleranz erreicht gegenüber Minderheiten, Ideen (auch atheistischen), Menschen mit anderen Lebenskonzepten und Menschen mit anderen Lebenserfahrungen. Kurz: ich bin älter geworden und illusionsloser, auch mir selbst gegenüber und damit nicht mehr der Pharisäer, der von der Kanzel herab ein allgemeingültiges Konzept vertreten hatte. Diese Besserwisserei prägte mein Reden auch noch in der Zeit, als ich von Weiterstadt aus Vertretungen in der JVA machte.

Bei einem Vertretungsgottesdienst behandelte ich die Situation der nordamerikanischen Indianer, mit denen ich mich damals beschäftigte. Ich verwendete dabei die Dia- und Tonbandreihe der Evangelischen Frauenhilfe, die sie für den Weltgebetstag 1981 hergestellt hatte. Die Wirkung war in mehrerer Hinsicht gut: zum einen waren Medien hinzugekommen, die über die Wirkung des Wortes hinausgingen, das viele, und nicht nur Ausländer, nicht verstanden hätten.

Zum zweiten ging es um ein Thema, das nicht ihre Situation betraf und das einige von den Gottesdienstteilnehmern doch als dem ihren verwandt ansahen, das einer randständigen Gruppe. Ein schönes Ergebnis war der folgende Briefkontakt mit einem Gefangenen, der mir eine Gedichtsammlung schickte. Ich verwendete sie im Unterricht und machte mit einer Schulklasse einen Besuch in der JVA, um mit dem Verfasser über seine Gedichte und natürlich auch über seine Situation in der JVA zu reden.

Vier Gottesdienste habe ich in diesem Jahr mitgestaltet: den ersten im Frühjahr mit einer Gruppe Jugendlicher aus der Schule, die allesamt aktive Mitglieder ihrer Gemeinden sind. Es entwickelte sich ein Gespräch zwischen Gemeinde und Jugendlichen, das sehr offen und kritisch war. Die Jugendlichen waren auf dem Hintergrund ihrer Gemeinde- und Gottesdiensterfahrungen zuhause begeistert von den spontanen und ehrlichen Einwänden der Gefangenen. Ich hatte als Bibelstelle das Gleichnis vom verlorenen Sohn ausgesucht und legte es gerade aus, als mich ein Gefangener an die Wand spießte: "Sie haben gerade den zurückkehrenden Sohn als Sünder bezeichnet, obwohl Sie vorhin die Devise vertreten haben, man müsse als junger Mensch neue Wege gehen!" Und dann schob er nach: "Außerdem: ist denn nicht der Sohn, der zuhause geblieben ist, der eigentliche Depp, weil er alles so macht, wie's immer war?" Der Gefangene hatte mich erkannt und festgenagelt. Ich war hilflos und konnte nicht weiterreden. Ich war immer noch der Gerechte, der den Sündern vor mir was auf's Auge drücken wollte. Außerdem wurde mir klar, daß wir eine falsche Solidarität herstellen wollten, in der Art: uns kann's ja auch passieren, daß wir hier rein kommen. Aber ein Hochgefühl hatten wir alle, wegen der Andersartigkeit des Gottesdienstes, der viel lebendiger und ehrlicher war, als die in der Gemeinde, wo nur einer redet und die anderen sich nicht getrauen, etwas zu sagen.

14

In diesem Hochgefühl gingen wir mit derselben Gruppe zum zweiten Gottesdienst in diesem Jahr. Wir gedachten, etwas zum Thema Frieden zu machen, weil wir alle in der kirchlichen Friedensarbeit engagiert sind. Der Gottesdienst ging voll "in die Hosen". Die Gefangenen meuterten gegen das Thema, wollten nichts darüber hören, sie hätten andere Probleme, das Thema würde sie nur quälen. Sie hatten völlig recht. Innerhalb von undurchdringlichen Mauern nimmt sich das Thema "Nachrüstung" viel bedrohlicher aus als draußen, wo noch die Illusion eines möglichen Ausweichens vor diesen Waffen bestehen mag. Das ist uns hinterher klargeworden, auch, daß die Gefangenen wirklich andere Probleme mit dem Stichwort "Frieden" verbinden, ihre eigenen mit der Justiz vorwiegend.

Danach war ich entmutigt, je wieder einen Gottesdient in der JVA zu halten. In der Zwischenzeit hatten wir mit einer Gruppe von Gefangenen Kontakt gehabt, einmal in der JVA, einmal im Schuldorf, weil wir gemeinsam den Kirchentag in Hannover besuchen wollten. Diese Begegnungen, auch die Erfahrungen auf dem Kirchentag selber, wo wir uns privat außerhalb der Mauern und in normaler Kleidung treffen und miteinander leben konnten, waren unheimlich schön. Trotzdem hatte ich Schwierigkeiten mit dem Gottesdienst. Nach dem Kirchentag rettete ich mich aus der Klemme, als ich im Gottesdienst meine Kirchentagsdias abspulte und dazwischen einige Lieder vom Kirchentag von der Kassette zum Mitsingen vorspielte. Ich ließ kein Loch, damit auch keiner etwas sagen konnte. Auf jeden Fall tröstete ich mich damit, daß der Gottesdienst durch Bilder und Musik Abwechslung geboten hatte; aber flau war es mir trotzdem.

Unüberlegt hatte ich den letzten Termin für eine Vertretung für das Ende der Herbstferien angenommen. Zwei Tage vorher ging ich an die Vorbereitungen: Ich fragte einen befreundeten Lehrer an, der schon einmal Interesse geäußert hatte, mitzugehen und Musik zu machen. Er erklärte sich bereit und wir gingen zu viert (wir zwei Paare) an die Arbeit. Wir sichteten zunächst Lieder aus dem Gesangbuch und profane Herbstlieder sowie Bibeltexte. Dabei fiel uns auf, wieviele Lieder aus dem Gesangbuch für die Situation im Gefängnis völlig unbrauchbar sind, weil sie ungewollt Anzüglichkeiten über die Menschen dort aussagen (als Beispiel: "Lobe den Herren, der deinen Stand sichtbar gesegnet"; traut man sich ja auch kaum bei einer Trauung zu nehmen). Ebenso haben wir über viele Bibeltexte gelacht bzw. sind über ihre mögliche Verwendung im Gefängnis erschrocken: wieviel Moralismus trieft aus ihnen, wenn man sie sich mit den Ohren eines Gefangenen anhört. Wir waren ratlos. Das einzige, was wir noch wußten, war: Farbe, Bilder, Musik müssen her. Bloß keine Probleme, das kam uns die Bibeltexte gezeigt. Dann kam die Idee: Wir feiern Erntedankfest. Die Gemeinden ringsum waren gerade bei den Vorbereitungen. Wir sammelten Blumen, Obst und Früchte von einer Gemeinde, stellten Texte und Lieder zusammen und suchten Dias dazu aus.

Der Gottesdienst war wunderbar, sehr harmonisch und gemeinsam. Der Altar war bunt und feierlich geschmückt. Der Dank für die Ernte ist sicher bei allen Völkern, die da im Gottesdienst vertreten waren, bekannt, es war etwas für's Auge da, sozusagen international, wir versuchten auch, die Früchte, auch die exotischen, als Anstoß zur Erinnerung vorzustellen. Dann zeigten wir ganz wenige Dias mit Herbststimmung: eine Gruppe im Nebel, schwarzgekleidete alte Frauen unter Herbstbäumen, Bäume in der Sonne, lauter harmonische, schöne Bilder. Zu jedem Bild spielten wir zuerst Musik zum Meditieren, dann konnte jeder, der wollte, etwas sagen, anschließend lasen wir zu jedem Bild einen kurzen Text vor. Gelegentlich machte jemand eine Bemerkung, meist aber nicht, wir hatten vereinbart, nicht unbedingt auf Äußerungen zu warten. Nach den Dias las ich das Gleichnis vom großen Festmahl vor und übersetzte einige Punkte darin in die Gegenwart. Sonst nichts. Keine Wertung, keine Auslegung. Dann Musik, die war das Wichtigste, gerade mit Rhythmusbegleitung, was uns vorher Kopfzerbrechen gemacht hatte: kann man das im Gottesdienst überhaupt machen? Man kann!

Nach diesem Gottesdienst weiß ich, was man soll: Farben und Musik und gute Gedanken: "Bunt sind schon die Wälder...", Freude, wie der Frederick im Bilderbuch; daß die Leute ein bißchen von der Musik und den Farben mitnehmen, so wie sie die Blumen und Früchte mitgenommen haben und uns mitgenommen haben, keine Jugendlichen, deren Bemühen lieb ist, aber vielleicht nicht so ganz ernstzunehmen. Wir waren Erwachsene und eher Partner; und wir waren Partner, indem wir gemeinsam Gemeinde waren, weil wir nicht auf einer falschen Solidarität geschwommen sind, sondern uns zurückgehalten haben, die Texte vorsichtig und auch uns betreffend gebracht haben, die Lieder auch für uns, zu unserer Freude ausgesucht und gesungen haben. Der Gottesdienst war eben auch unser Gottesdienst, und wir sind als Beschenkte fortgegangen. So egoistisch das auch klingt: ich habe mir überlegt, was ich gleich anschließend machen konnte: nämlich nach Hause fahren und essen und trinken und mit den Kindern reden und rauchen und telefonieren und und und.

Wir hätten noch Abendmahl feiern sollen. Wir hatten einen Zugang zum Gottesdienst. Und wir haben uns auch Gedanken gemacht, ob unser Purismus und die Nüchternheit unserer Gottesdienste im Ergebnis für den Gottesdienst im Gefängnis nicht direkt verheerend gewesen sein mußte. Ob nicht von dieser speziellen Situation her Formen, Musik, Feier wieder mehr Gewicht haben müßten: für die Sprachlosen, Zermarterten, Hoffnungslosen, Ausländer. Ob die nicht gelegentlich gern eintauchen in ein Ritual, das sie in seinem Ablauf, seiner Feierlichkeit an etwas von früher her Vertrautes erinnert und ihnen daher Kraft gibt. Daß der Rahmen, der Raum würdiger wird, Blumen da sind, die Menschen sich ernstgenommen fühlen von der Feierlichkeit des Raumes und dessen, was sich in dieser Stunde darin ereignet.

Wenn ich es mal mit der Schule vergleiche (und ich weiß, daß der Vergleich hinkt, aber auch trifft): der Kollege in der Hauptschule muß pädagogisch arbeiten; Kollegen im Gymnasium glauben gelegentlich, sie könnten die Pädagogik eher entbehren. Dabei würde es ihren Schülern, ihnen selbst und dem Ziel des Unterrichts guttun, wenn die Lehrer die Alltagserfahrungen der Schüler ernst nähmen.

Im Gottesdienst im Gefängnis müssen Elemente, die die sinnliche Wahrnehmung ermöglichen, vorhanden sein. Aus meinem Vergleich ergibt sich, daß die Gottesdienste "normaler" Gemeinden diese Elemente ebenfalls dringend nötig haben. So wie in der Hauptschule "Urpädagogik" notwendig ist, ist beim Gottesdienst im Gefängnis "Urverkündigung" nötig: mit Gleichnissen, Bildern, Pantomime, Diskussion, Musik, Blumen, vielleicht Essen, vielleicht Bewegung, Tanz. Ausrichten und entscheiden muß sich das an der Alltagserfahrung der Menschen dort, nicht am Bewußtsein des Pfarrers als Vertreter von Kirche oder kirchlicher Hintergedanken.

Werner Wendeberg

Stimmen aus der Gemeinde

Gefangene äußern sich zu ihrem Gottesdienst

Vorbemerkung

An einem Sonntag im November 1983 habe ich auf der Rückseite des Liedblattes für den Gottesdienst sechs Fragen notiert und die Gottesdienstbesucher gebeten, mir im Laufe der Woche dieses Blatt ausgefüllt im Umschlag - "auf Wunsch anonym" - zurückzugeben. Gefängnispfarrer erhalten zwar immer wieder auch schriftlich oder mündlich Reaktionen von Gefangenen zum Gottesdienst. Die Dokumentation einer Sammlung von Äußerungen bedurfte aber eines besonderen Anstoßes. Ich habe den Gefangenen im Gottesdienst den Hintergrund meiner Fragen erklärt: Es sind uns bei unseren Überlegungen im Zusammenhang einer Veröffentlichung zum Thema Gottesdienst im Gefängnis nicht zuletzt auch die Erwartungen der Gottesdienstbesucher wichtig.

Ich war erstaunt, daß 17 von etwa 90 Untersuchungsgefangenen und acht von etwa 25 Strafgefangenen diesen Bogen ausgefüllt zurückgaben - bis auf einen alle auch mit ihrem Namen.

In der JVA Darmstadt finden die evangelischen Gottesdienste vierzehntägig statt, nacheinander zuerst für die Untersuchungsgefangenen und dann anschließend für die Strafgefangenen. Die unterschiedliche Haftsituation wirkt sich auch im Gottesdienst aus: In der Untersuchungshaft haben Gefangene aus verschiedenen Häusern nur beim Gottesdienst und gelegentlich bei Filmveranstaltungen die Möglichkeit, sich mit Bekannten aus anderen Häusern zu treffen (Mittäter ausgenommen); deshalb ist hier das Redebedürfnis besonders groß, was von anderen wiederum als störend empfunden wird. In der Strafhaft gibt es dagegen mehr Möglichkeit zur Kommunikation untereinander, so daß hier vor allem das Gottesdienstthema im Vordergrund steht.

Fragen und Antworten

1. Was ich vom Gottesdienst für mich erwarte:

- Erleichterung, weil ich da eine Geborgenheit in der Gemeinschaft finde.

- Besinnung und Verehrung der dem Menschen unfaßbaren Schöpfung und das Distanzieren von solchen "Christen", die in dümmlicher Selbstgerechtigkeit neun Zehntel der Menschheit als "Heiden" beschimpfen.

- Daß ich mal eine Stunde nichts höre und sehe, außer dem Pfarrer zuzuhören.

18

- Kirchliche Stimmung, innere Tiefe; aber in einer Knastkirche zuviel verlangt.
- Eine Stunde, die sich (als freundlicher Höhepunkt) von dem harten Gefängnisklima abhebt. Ruhe für Meditation und Gebet. Trost aus Predigten und Bibelerzählungen für mein Scheitern.
- Gottes Liebe und Gnade, neuen Mut und neue Hoffnung. Daß Gott mir hilft, die schwere Zeit zu überstehen und mir vergibt.
- Eigentlich nicht viel.
- Ich möchte Kirche und ihre Institution (besonders evangelisch) kennenlernen.
- Eine Stunde der Besinnung und inneren Einkehr durch die Anhörung des überbrachten Wortes Gottes und um Gott zu dienen.
- Verständigung, Hilfe, Rat, Selbstvertrauen und Vertrauen im Gebet; keinen Trost, aber Verständnis.
- Frieden in mir.
- Daß ich meine Hoffnungen, die ich habe, nicht auch noch verliere.
- Eine Zeit der Anregung für die eigene Besinnung. Anregung der Hilfe für die Selbsthilfe. Erkennen meines Standpunktes.
- Vermitteln eines Gemeinschaftsgefühles, einer (auch unausgesprochenen) Solidarität; Auseinandersetzung rein innerlicher Art; fröhliche, heitere, dennoch festlich ernste Stimmung.
- I want to pray, for myself, for my beloved ones. To be in reality with the truth.
- Kraft und Hilfe zu finden, um die doch recht sinnlose Zeit in Haft ohne seelischen Schaden überstehen zu können. Unter Gottesdienst verstehe ich einen Akt der Besinnung, wo es im Optimalfall zu meditativer Transzendenz, zum Verstehen und Verstandenwerden des göttlichen Prinzips führt.
- Anregung des Geistes, neue Impulse, Neu-Verbindung zu Seele und Herz, was man in der Isolation ständig verliert.
- Bei dem Gottesdienst fühle ich meine Gefühle und meine Gedanken frei. Als Ausländer haben wir nicht viele andere Möglichkeiten, sich gut zu fühlen.

2. Was mir gut gefällt:
- Das aufgelockerte Verhältnis gegenüber der sonstigen Muß-Tradition.
- Der überkonfessionelle Versuch, den Menschen die Gewißheit zu vermitteln, daß es höhere Werte gibt als das Erwerbsstreben des Establishments.

- Daß immer noch viele Leute zur Kirche gehen.
- Daß ich dabei in meiner Haft über viele Dinge nachdenken kann.
- Einen Pfarrer zu haben, der nicht trennend am anderen Ufer steht, sondern in der Mitte seiner Gefängnisgemeinde. Seine offene Gottesdienstgestaltung mit modernen Kirchenliedern. Teilnehmer aus Gemeinden von draußen.
- Mir gefällt am Gottesdienst, daß man mich als Mensch sieht und nicht nur als Akte.
- Die Rede vom Anstaltspfarrer.
- Jeder Gottesdienst hat mir bis jetzt sehr gut gefallen. Diese Gottesdienste waren abwechslungsreich und mit viel Liebe und Hingabe vorbereitet und verkündet.
- Die Art des Pfarrers, im Gespräch zu vermitteln, anzuregen über die Heilige Schrift ernsthaft nachzudenken. Die leichtere moderne Kommunikation.
- Ich bin zwar nicht für die Kirche, aber die Gebete gefallen mir ganz gut.
- Die Mischung von Alt und Neu. Das Einbringen von Gruppen. Der Bezug auf unsere Situation. Glaube nicht als Relikt behandelt, sondern als Lebenshilfe für die Gegenwart.
- Diskussionen, an denen man sich beteiligen kann. Die jedesmal neue Gestaltung. Das Unverbindliche und Formlose. Der Pfarrer.
- I like the way Mass and Prayers been proceded. It gives a message to me to be better than I was. It also relaxes me from all kinds of mean and disturbing thoughts that I have.
- Daß Sie gut predigen und daß immer Kassetten gespielt werden und daß immer Prospekte und Bibeln da auf dem Tisch liegen.
- Die Weltoffenheit der Handhabung. Manchmal macht mir der Gottesdienst bewußt, daß es mich noch gibt und ich Neues in mir entdecken kann.
- Die lebendige Gestaltung. Die guten Texte und Vergleiche von damals mit heute. Daß man wie ein Mensch behandelt wird und nicht als Ausgestoßener.

3. Was mir nicht gefällt:

- Zuviele Lieder, die echt niemand mitsingen kann, weil keiner diese kennt, das finde ich als einen kleinen Ausschluß von der Zusammengehörigkeit.
- Psalmengeplärr, Scheinheiligkeit, die Story von der "Dreifaltigkeit" - die wurde bekanntlich 400 Jahre n. Chr. von einem zum Dogma erhoben, der selbst kein Christ war, seinen Sohn ermordet hat und

seinen Schwiegervater im Gefängnis umbringen ließ. Halleluja.

- Daß die Ausländer den Gottesdienst durch ihr dauerndes Gerede mutwillig stören und dagegen nichts unternommen wird.

- Daß man den Pfarrer oft nur versucht auszunutzen, ohne etwas dafür zu leisten. Auch daß das Interesse am Gottesdienst bei Gefangenen so minimal ist.

- Ich empfinde es als unverzeihlich und durch nichts entschuldbar, wenn wenige den Gottesdienst durch ihr unmögliches Verhalten zerstören und über 80 % der wirklichen Christen darunter leiden müssen. Dieses ist eine furchtbare Belastung, weil man als Mitgefangener völlig wehrlos ist.

- Die Lieder gefallen mir ehrlich gesagt nicht so gut, ich sehe da keinen Sinn drin.

- To see others beeing unrespectful to God and to Father, by talking laudly during the Mass. It's a holy place and not some game rooms where one can do what he pleases.

- Für viele Teilnehmer des sonntäglichen Gottesdienstes ist dieser allenfalls eine willkommene Kommunikationsstätte - aber nicht mit Gott, sondern mit dem Bekannten vom Nachbarblock. Da Sie restriktive Oberlehrermanieren wahrscheinlich genauso ablehnen wie ich, sehe ich keine andere Möglichkeit, die Teilnehmer überhaupt erst einmal zum Zuhören zu bewegen.

- Die harten Sitzbänke. Zu wenige Gruppenbesuche von draußen.

4. Änderungsvorschläge:

- Mehr Musik, evtl. spontane Möglichkeit mitzumachen. Mehr Diskussion.

- Vor allem für Ruhe zu sorgen. Dann nur immer zwei Lieder zu singen, aber so, daß man diese dabei lernen kann.

- Predigten, die die Person Christi als Kämpfer für soziale Gerechtigkeit würdigen. Warum sagte Albert Schweitzer: "Es wird eine Zeit kommen, wo wir auf die geschichtliche Person Christi in der Kirche verzichten müssen"?

- Kirche soll sich mehr mit der Realität beschäftigen; mehr auf die heutigen Alltagsprobleme eingehen, anstatt die Geschichte des Glaubens zu predigen.

- Manchmal bedaure ich, daß Gottesdienst nicht wöchentlich stattfindet.

- Wertvolle und bekannte Lieder, wie schon erprobt, wiederholen, damit diese jeder lernt und mitsingen kann.

- Öfter Gesangsgruppen von draußen. Bildvorträge.

- Mehr Kontakt zu Leuten draußen beim Gottesdienst.
- Abwechseln: mal nur Treffen mit Musikuntermalung und Gespräch mit Pfarrern und untereinander, das andere Mal dann nur für die, die Wert auf Gottesdienst legen.
- Mehr auf Ausländer eingehen (z. B. Lesung in Englisch oder Türkisch), Lieder (Rock, Jazz usw.) in Englisch oder Französisch.
- Für Ausländer getrennten Gottesdienst.
- To tell the churchgoers, to come to the Church is to pray and understand what the meaning is. To have people from outside to visit us.
- Es müßte öfter mal Abendmahl sein, und wenn es möglich ist, ab und zu einen Kirchenchor hinzufügen.

5. Ich gehe zum Gottesdienst, weil ...

- ich da Erleichterung und Geborgenheit in der Gemeinschaft finde.
- es mir was gibt; Stau auflöst.
- ich eine Stunde der Besinnung gut finde (falls die Ganoven das Maul halten und man zur Besinnung kommt).
- ich schon seit meiner Kindheit in die Kirche gehe.
- ich beten will im Gotteshaus, wie das eines jeden Christen Pflicht sein sollte.
- ich mich schwach erlebe, täglich ohnmächtig unterdrückt werde und diese Kraftquelle suche für die Erhaltung meiner guten Anteile. Sinnerfahrung sammeln. Vielleicht auch Auseinandersetzung mit meinem Älterwerden und der eigenen Vergänglichkeit.
- ich das Gefühl habe, auch mit meinen Fehlern ein Mensch zu sein.
- ich den Pfarrer als Person, als Sozialarbeiter, Pädagoge und hilfreich finde.
- ich mich dort geborgen fühle.
- ich Gottes Wort hören will, um mich damit innerlich zu stärken und damit wieder 14 Tage leben zu können.
- ich auf Hilfe hoffe, meinen inneren Frieden zu finden auf der Suche nach Glauben.
- weil: "Ich will das Verlorene wieder suchen und das Verirrte zurückbringen und das Verwundete verbinden und das Schwache stärken." (Hes. 34,16)
- ich fest daran glaube, daß ich das, was ich mal sehr geliebt habe und auch immer noch sehr liebe, daß irgendetwas passiert, daß ich wieder mit ihr zusammensein werde.

- ich daraus immer wieder neuen Mut und neue Kraft schöpfe, weiter zu leben und auch noch Sinn in meinem Sein erkenne, weil es zu billig und einfach wäre, mich meiner Verantwortung zu entziehen. Ich muß mit mir leben, ertragen, mein innerstes Geheimnis zu teilen, mich mir selber stellen, um davon befreit zu werden.

- ich dort den Pfarrer treffe, ein Flair von draußen vermittelt bekomme und irgendwo immer eine oder mehrere Überraschungen finde, die mich froh stimmen.

- I've a wife, who's very ill, and a son who's just one year old. I pray for them that God Lord will watch after their best. Also I learn very much through the pray.

- ich glaube, daß ich ein Christ bin, und weil ich glaube, daß das Leben nicht alles sein kann, das nur aus menschlichen Gesetzen besteht.

- ich als älterer Mensch immer wieder die Kraft holen kann, um mein Los zu ertragen.

- ich hier neuen Mut und neue Hoffnung schöpfen kann, die ich so dringend brauche.

6. Gottesdienst im Gefängnis soll ...

- unbedingt beibehalten werden für die kranke Seele, was soll aus der Psyche werden ganz ohne Gott?

- Protest sein und eine Umwertung gewöhnlicher "Werte" bewirken!

- jede Woche sein.

- weiterhin ohne Aufsicht von Vollzugsbeamten gefeiert werden können.

- soweit wie möglich gefördert werden.

- lehren und innere Kräfte stärken.

- helfen, das innere Gleichgewicht wieder zu finden im Glauben.

- mich den Glauben an Gott lehren.

- mir helfen, nicht die Hoffnung zu verlieren und zu glauben.

- froh stimmen.

- may God be with us. Amen.

- give a joy by praying together. We are all God's people after all.

- so bleiben wie bisher.

- sich für Gefangene einsetzen.

- der Selbsterkenntnis und der Tröstung dienen.

- von den Sorgen, Unmut, Unsicherheit, Angst, Haß befreien.

"Erzähl' anderen was vom himmlischen Jerusalem!"

Gefängnispfarrer erleben den Gottesdienst

Tonbandnachschrift eines Gespräches am 1. März 1983 in Hannover: Herbert Koch (H.K.), Peter Rassow (P.R.), Karl Steinbauer (K.St.), Christian Wahner (Chr.W.), Werner Wendeberg (W.W.).

Chr. W.: Ich habe als nebenamtlicher Gefängnispfarrer in Höchst Sonntag für Sonntag parallel im Gefängnis und in der Gemeinde Gottesdienst gehalten. Da habe ich erlebt, was ich in der Gemeinde gepredigt hatte, konnte ich nicht im Gefängnis predigen; aber umgekehrt, was ich im Gefängnis probiert habe und was dort ankam, das kam auch in der Gemeinde hinterher an. Ich habe gemerkt, daß meine Arbeit im Gefängnis befruchtend für die Gemeinde gewesen ist. Daß ich mich schließlich dafür entschieden habe, ganz ins Gefängnis zu gehen, liegt wohl daran, daß die Atmosphäre und das, was mir im Gefängnisgottesdienst an Rückmeldungen kommt, direkter ist.

K. St.: Erlebt ihr Rückmeldungen? Ich erlebe das in der Anstalt genau wie in der Gemeinde auch: Man geht aus der Kirche, und ich höre ganz selten mal - höchstens so im Nebensatz - irgendeine Bemerkung. Daß man darüber redet, kommt so selten vor wie in der Gemeinde auch.

H. K.: Was verstehst du unter Rückmeldungen?

K. St.: Daß jemand irgendetwas dazu sagt, ob nun positiv oder negativ, kritisch oder zustimmend, aber so, daß ich das Gefühl habe, er hat mitgedacht.

H. K.: Diese Art Rückmeldungen kriege ich auch verhältnismäßig selten. Ich würde Rückmeldungen aber weiter fassen. Ich verstehe darunter auch die Reaktionen während des Gottesdienstes, das Verhalten der Gottesdienstteilnehmer. Und da nehme ich wesentlich mehr wahr als in jeder Gemeinde draußen. Ich bin eine Zeitlang in einer Gemeinde gewesen, wo der Gottesdienstraum sehr intim war. Er war bei einer Renovierung von der Längsrichtung in die Querrichtung umgestellt worden. Man hatte nicht so einen großen Abstand zu den Hörern, und es ergab sich eine andere Atmosphäre, als sie üblicherweise in den Kirchen herrscht. Selbst da, wo ich das Gefühl hatte, aufmerksame Zuhörer zu haben, konnte ich nicht solche Reaktionen feststellen wie im Gefängnis. Daß Gefangene an irgendeiner Stelle anfangen, mit dem Nebenmann über das zu sprechen, was ich gerade gesagt habe, oder auch, wenn es etwas Provozierendes war, ein allgemeines Gemurmel, das ist etwas relativ Häufiges und Normales.

P. R.: Was du sagst, Herbert, kenne ich auch. Aber die Spontanreaktion muß sich gar nicht verbal äußern. Im Gottesdienst mit Langstrafigen jedenfalls ist es so, daß ich atmosphärisch wahrnehme, wenn ich z. B. zu lange oder zu langweilig predige oder wenn ein Lied vom Text her

Bauchschmerzen auslöst oder wo die Gefangenen ganz dicht dabei sind - bis dahin, daß die Spannung körperlich weh tut oder auch gut tut. Ich weiß nicht, ob das mit meiner Sensibilität zusammenhängt oder ob es allgemeine Erfahrungen sind.

K. St.: Ich kann es mir nur so vorstellen, daß das mit der Dichte der persönlichen Erfahrung zusammenhängt. Die Gemeinde, von der du redest, ist weitgehend Sonntag für Sonntag die gleiche, mit ein paar Variationen vermutlich. Bei mir in der offenen Anstalt ist das völlig anders. Da sind häufig ganz neue Gesichter. Die Erfahrungen, die du gemacht hast, habe ich in Gemeinden auch gemacht, wo man sich ein bißchen kannte. Für mich ist das keine spezielle Erfahrung von Gefängnis, sondern die Erfahrung, wie genau sich Pastor und Gemeinde kennen.

H. K.: Das ist wie bei allen Dingen: das ist im Strafvollzug nicht irgend etwas völlig anderes, so als ob es das sonst nicht geben könnte. Es ist aber alles intensiver. Allerdings kommt da noch etwas hinzu. Im Gefängnis gehen doch eine Reihe von Menschen zum Gottesdienst, die das draußen vermutlich nie täten und die auch keinerlei kirchliche oder vielleicht auch keine religiöse Sozialisation genossen haben. Für deren Erleben kann Gottesdienst etwas anderes sein als für jemanden, der schon in Verbindung zu Kirche und Gottesdienst aufgewachsen ist.

W. W.: Ich beobachte im Gefängnisgottesdienst sehr viel Echtheit im Umgang miteinander. Ich denke, ein Gefangener spürt sehr genau, ob ich unsicher, ob ich aufgeregt oder ob ich voll engagiert mit dabei bin. Da kommen eben auch sehr spontan und sehr direkt Rückmeldungen, es kommen Zwischenfragen, es wird durchaus auch mal Beifall geklatscht oder auch laut gelacht. Das habe ich in Gemeinden draußen ganz selten erlebt. Ich denke an eine Andacht bei einer Freizeit mit Konfirmanden. Da hatte ich auch das Gefühl, so müßte Gottesdienst eigentlich sein. Die Konfirmanden fragten, warum ist Gottesdienst sonst nicht so, so direkt, so persönlich und so echt, daß man sich beteiligen kann. Im Gefängnis merke ich sehr schnell, wenn ich an den Gefangenen, an ihren Fragen vorbeirede oder, wenn es langweilig ist, daß es unruhig wird, aber auch wenn es wirklich um Gedanken geht, die wir gemeinsam haben, daß dann eine ganz starke Konzentration da ist. Auch beim Singen gibt es Lieder, die gehören einfach sonntags dazu: da kann man sich freisingen und Gottesdienst eben wirklich feiern.

P. R.: Kennt ihr das auch, daß Gefangene im Gottesdienst laut gähnen? Als ich das zum ersten Mal erlebt habe, dachte ich, wie schrecklich muß der Gottesdienst oder wie langweilig die Predigt sein! Später bin ich darauf gekommen: das kann auch ganz andere Ursachen haben, z. B. ein natürliches Entspannungsverhalten, wie das unser Kollege Peter Dräger mal geschrieben hat, ein Zeichen von Gelöstheit und Wohlgefühl.

H. K.: Es gibt aber auch Aussagen von Sichunwohlfühlen. Vor Jahren lag der 1. Mai auf einem Sonntag. Da habe ich gepredigt zum Thema Arbeit, weil ich meinte , wenn der 1. Mai schon auf einen Sonntag fällt, sollte man als Kirche nicht einfach so darüber hinweggehen, als hätte man mit dem

25

Feiertag der Arbeiterbewegung nichts zu tun. Ich habe mich wohl ein bißchen zu ausführlich darüber ausgelassen, da kam der Zwischenruf: Sind wir hier eigentlich in der Kirche oder bei der Gewerkschaft?! Das wird in einer Gemeinde draußen nie passieren. Allerdings würde ich das draußen wohl auch als Katastrophe erleben, wenn das jemand täte.

K. St.: Du willst damit sagen, daß ein Teil der Dinge, die draußen als negativ empfunden werden, diese bürgerliche Feierlichkeit und alles, was damit zusammenhängt, im Gefängnis nur noch reduziert vorhanden ist, zum Teil gar nicht.

H. K.: Ja, aber das heißt nicht, daß nicht eine echte Andachtsatmosphäre entstehen könnte...

K. St.: ...die aber nicht von diesen Äußerlichkeiten abhängt.

H. K.: Die ist nicht ohne Äußerlichkeiten. Aber sie ist nicht das Produkt dieser Äußerlichkeiten, sondern hängt stärker vom Inhaltlichen ab.

W. W.: Für mich kommt noch etwas hinzu. In der Gemeinde draußen einigt man sich sehr schnell auf bekannte traditionelle kirchliche Begriffe. Da herrscht eine bestimmte Sprache im Gottesdienst bis in die Predigt. Jeder übersetzt natürlich für sich, was er unter Glaube, Gnade usw. versteht. Es gibt so einen kirchlichen Sprachgebrauch, der von allen akzeptiert ist. Im Gefängnis merke ich, daß ich sehr konkret sagen muß, was ich damit meine. Wenn das für mich klar ist, was ich meine, kann ich auch auf Rückfragen antworten und auch auf kritische Bemerkungen eingehen. Den Gottesdienst, den ich im Gefängnis gehalten habe, kann ich dann auch in der Gemeinde halten und in der Gemeinde auch sehr viel konkreter von dem sprechen, worum es mir geht. Ich merke, daß diese kirchenfremde Gemeinde im Gefängnis mir auch sehr geholfen hat, viel persönlicher zu formulieren, was ich sagen will, sehr viel ehrlicher auch zu sagen, was ich glaube.

P. R.: Bei dem, was du sagst, erinnere ich mich an einen der ersten Gottesdienste, die ich im Gefängnis erlebt habe. Ein auswärtiger Kollege hielt eine Gastpredigt. Schon nach einigen Minuten fing einer an, nach einer frommen Floskel laut "Halleluja!" zu rufen. Der Prediger wurde unsicher und zog sich noch mehr auf christliche Allgemeinplätze zurück. Das Halleluja-Rufen wiederholte sich, ja, es steigerte sich schließlich zu Sprechchören der ganzen Gemeinde. Das war nicht - wie das nie einstudierte, aber ganz selbstverständlich nach Gebeten und Predigt laut gesprochene Amen - Antwort der Gemeinde auf das Gehörte im positiven Sinn, sondern groteske, herbe Kritik nach dem Motto: Erzähl' anderen was vom himmlischen Jerusalem, hier bei uns aber sag' etwas, das zeigt, daß du unsere gegenwärtige Realität ernst nimmst. Für mich war das ein sehr eindrückliches Lehrstück.

Chr. W.: Daraus ergibt sich für mich die Frage nach der Einführung oder auch nach der Vorbereitung auf den Dienst als Gefängnispfarrer. Als ich den ersten Gottesdienst dort halten mußte, war das einzige, was mir ein Kollege mit auf den Weg gab: Also hör mal zu, über alles darfst du predigen, bloß nicht über den Text vom verlorenen Sohn; der ist so traktiert worden, den können die Gefangenen nicht mehr hören. Ich habe mich dann von dieser Warnung her auch ziemlich abstinent verhalten. Ich hätte mir gewünscht, daß mich da jemand ein bißchen gründlicher eingeführt hätte. Ich habe mich da erst langsam herantasten müssen. Aber solche Erlebnisse, wie du sie eben schilderst, Peter, können heilsame Erlebnisse sein, daß man von daher doch die Situation im Gefängnis besser in den Blick bekommt. Aber ich würde von dieser Warnung am Anfang niemals sagen, es ist unmöglich, im Gefängnis über solche Texte zu predigen, weil sie eben so häufig traktiert worden sind oder weil den Gefangenen das schon zum Hals raushängt. Es gibt solche Geschichten, die dann zu einer gewissen Zeit wieder neu erfahrbar und erlebbar werden und vielleicht in der Abstinenz erst dann und wann wieder einen besonderen Stellenwert bekommen. So habe ich nach fünf Jahren das erste Mal wieder gewagt, diesen Text mir vorzunehmen. Ich bin froh darüber, daß ich es gepackt habe und diese gutgemeinte Warnung jetzt nicht so ein für allemal dasteht: der verlorene Sohn ist im Knast passé.

H. K.: Ich habe die Erfahrung gemacht, daß die Situation im Gefängnis eine ziemlich starke Bremse gegen moralisierendes Predigen oder auch sonstiges Moralisieren im Gottesdienst ist; man kann ja auch mit Gebeten und mit bestimmten Texten und Liedern moralisieren. Bestimmte Dinge, die draußen gehen, die gehen im Gefängnis nicht. Draußen könnte man einmal im Monat versuchen, der Gemeinde über das Elend in der Dritten Welt ins Gewissen zu reden, und sie würde sich das gefallen lassen. Ich würde vielleicht überhaupt nicht merken, daß ich ihr Gewissen damit gar nicht erreiche, sondern daß das vielleicht mehr mit meinem eigenen Gewissen zu tun hat. Im Gefängnis ginge das nicht. Und zwar habe ich die Erfahrung gemacht, daß es dann schon bei mir selbst nicht geht.

K. St.: Moralisieren heißt ja, einen gewissen Abstand herstellen. Da weiß ich, was der andere soll. Bei uns, aus der persönlichen Kenntnis heraus - man kennt sich besser, man ist sich näher -, schrumpft der Abstand zusammen. Man kann es sich nicht leisten, von oben herab zu reden - das ist für mich eine ganz typische Sache: die hohe Kanzel, wo man etwas herabträufeln oder auch -donnern läßt -, sondern man kann im Grunde nur miteinander ins Gespräch kommen und die Elemente, die vorhanden sind, auch aufnehmen. Und dann kann man sie durchaus einen Schritt weiterführen. Man kann also nicht erst einen Fachmann produzieren, der weiß, wo es längs gehen müßte. Dazu kennen einen die Gefangenen viel zu gut und hauen einem hinterher um die Ohren: Junge, geh man erst selbst da längs.

Chr. W.: Was Herbert über die Dritte Welt gesagt hat, reizt mich doch zum Widerspruch. Ich merke, daß Gefangene sehr wohl sensibel auch für die Nöte anderer sein können. Ich spüre da eine Bereitschaft, auch über den eigenen Knastalltag hinaus zu kommen. Das erwarten sie auch von mir, gerade im Gottesdienst, daß ich nicht nur hautnah am Knastgeschehen bin und das thematisiere, was gerade im Haus die Gemüter erhitzt und beschäftigt. Sondern viele kommen gerade, um mal über diese enge Welt rauszugucken. Und sie befragen mich, was denkt ihr da draußen, was macht ihr und wie seht ihr die Ereignisse, die an uns hier so vorübergehen, die wir aus der Presse oder aus dem Fernsehen halbwegs noch ein wenig mitbekommen, aber doch nicht unmittelbar.

W. W.: Christian, ich glaube nicht, daß Gefangene an erster Stelle erwarten, daß ihnen das Leben draußen vermittelt werden soll, sondern daß ihre Probleme ernstgenommen werden. Wenn die Menschen draußen, etwa in der Dritten Welt, Ähnliches erleben, was sie selbst erlebt haben, dann reagieren sie sehr betroffen und engagiert. Das Leiden an Ungerechtigkeiten können sie mitempfinden. Und auch ich selbst reagiere empörter als früher, wenn ich merke, wie ein Mächtiger seine Macht oder seinen Reichtum ausnutzt auf Kosten Schwächerer oder Ärmerer. Wenn solche Themen bei bestimmten Bibeltexten dran sind, dann spüre ich, wie eine ganz starke Betroffenheit mit hereinkommt. Ich glaube, weniger weil es ein Thema ist, das auch draußen diskutiert wird, sondern weil es ganz unmittelbar mitempfunden wird: das kenne ich; auch ich bekomme Macht zu spüren.

P. R.: Ich möchte noch einmal an das anknüpfen, was wir vorhin zur Abstinenz gesagt haben. Für mich gehört mit zu den Gefängnisgottesdienst-Erfahrungen, daß Gefangene nicht nur sehr aufmerksame, sehr spontane, sehr kritische Zuhörer sind, sondern auch, ja, ich möchte sagen: Prediger sind. Ich bin zurückhaltend, wenn ich Lieder auswähle. Wir singen dann z. B. die Verse 1, 4 und 7 von einem Lied, weil die übrigen Strophen Aussagen enthalten, von denen ich meine, ich kann sie den Gefangenen nicht zumuten, um sie nicht zu verleiten, etwas zu singen, hinter dem sie nicht stehen oder hinter dem ich nicht stehe. Dann kann es sich ereignen, daß irgendwer im Gottesdienst sagt: Warum haben Sie denn den 2. und 3. Vers eben ausgelassen? Da steht doch drin, wir sollen Gott für all das Gute danken, das er uns von Mutterleib und Kindesbeinen an getan hat. Vor meinem geistigen Auge steht dieses oft doch so verkorkste Leben von Gefangenen, das mir selber erspart geblieben ist. Dann kann dieser Gefangene sagen: Ich habe sicher keine schöne Jugend gehabt, aber ich habe dennoch Gott für so vieles zu danken, auch wenn ich jetzt hier - und nicht zum ersten Mal - gelandet bin. Und er sagt dann auch, warum er das meint, und erzählt das sehr konkret und nicht allgemein und nicht pathetisch. Gefangene sind keineswegs nur in der Rolle des Hörenden, sondern auch des Verkündigenden.

Chr. W.: Ich kann mir keinen Gottesdienst in Höchst vorstellen, ohne daß wir in dieser Runde, in der wir zusammensitzen, ins Gespräch kommen und daß das, was da geäußert wird, oft den Charakter des Verkündigens oder des Predigens hat. Aber nicht im Sinne eines klerikalen Anpredigens, in das ich ab und zu verfalle und wo ich hinterher denke: Meine Güte, diese Abstrampelei am Anfang hättest du dir sparen können. Denn da kommt oft unmittelbar auch das raus, was Klage und Lob zusammenhält, ja, die eigene Erfahrung. Und ich kann mir jetzt auch gar nicht mehr leisten, nachdem eben Gefangene so oft auch von sich reden, eine exegetisch gute oder fundierte Predigt zu halten, in der ich nicht vorkomme. Von mir muß schon was sichtbar werden, sei es durch eine ganz persönliche Erfahrung oder wie ich mich dort einbringe in diesen Kreis.

H. K.: Man muß zumindest ahnen können, daß hinter dem, was ich sage, persönliche Erfahrungen stehen. Ich muß nicht immer meine persönlichen Erfahrungen ausbreiten, aber ich kann nicht einen allgemeinverständlichen theologischen Vortrag halten und den als Predigt ausgeben. Das geht im Gefängnis nicht.

Chr. W.: Ich frage mich immer ganz konkret: wo komme ich vor, wo war ich diesmal im Gottesdienst, war ich da als Amtsperson, oder war ich als Christian Wahner wirklich da? Konnten andere mich erleben oder mich spüren? Das muß nicht heißen, daß ich private Erlebnisse auf den Tisch lege, aber daß ich als Gottesdienst-Teilnehmer mit drin bin.

P. R.: Vielleicht ist das auch eine Erfahrung mit Gefängnisgottesdienst, daß ich als Pastor einer in der gleichen Bankreihe bin mit den Gemeindegliedern. Es gibt ja immer auch Phasen, wo man selber nicht mehr weiter kann oder in den letzten Tagen etwas erlebt hat, was kaum zu verkraften war. Als ich einmal mitten in der Predigt nicht mehr konnte und mich hinsetzte, haben die Gefangenen ganz selbstverständlich - als ob es selbstverständlich wäre! - den Gottesdienst zu Ende gebracht mit Texten, Liedern und Gebeten. Einmal mußte ich kurzfristig am Sonntag früh wegen Nierenkoliken den Gottesdienst telefonisch abblasen; als ich einige Tage später Küster und Organist auf dem Zellengang traf, berichteten sie strahlend: Sie haben sicher gedacht, Sonntag wäre der Gottesdienst ausgefallen, stimmt aber nicht, den haben wir auch ohne Sie gehalten! Das sind Erlebnisse, die vielleicht etwas davon deutlich machen, warum ich mich in den Gottesdiensten meiner Gefängnisgemeinde so aufgehoben und getragen fühle.

W. W.: Ja, draußen ist es selten, daß dieses Oben und Unten weg ist, daß da Basisgemeinde ist und Gottesdienst tatsächlich gemeinsam gestaltet und gefeiert wird.

K. St.: Was mir dabei auffällt ist, daß wir drinnen durchaus mehr von dem erleben, was Gemeinde eigentlich ist. Nur, wenn es draußen mehr Gemeinde im wirklichen Sinne gäbe, würden diese Unterschiede, die wir so herausstellen, in sich zusammenfallen.

W. W.: Ich bin nicht ins Gefängnis gegangen, weil ich das Leben draußen in der Gemeinde für wenig unmittelbar gehalten hätte. Sondern es ist eigentlich umgekehrt: daß ich zunächst besorgt war, ob das überhaupt möglich wäre, im Gefängnisgottesdienst etwas Persönliches zu sagen, was den Menschen hilft. Daß ich heute Gottesdienst draußen in der Gemeinde so steril und unpersönlich empfinde, ist eigentlich erst das Zweite, weil ich Gottesdienst im Gefängnis viel unmittelbarer erlebt habe: wie Deutsche und Ausländer, wie Evangelische und Katholiken und Atheisten und Moslems sich treffen und zusammen Gottesdienst gestalten, wie es am Anfang des Gottesdienstes erstmal dazugehört, miteinander zu sprechen oder auch ein Lied zu wiederholen, das eben Spaß gemacht hat. Solche

Dinge vermisse ich in der Gemeinde draußen. Mir geht es nicht darum, Gemeinde draußen zu karikieren, sondern zu beschreiben, was ich neu entdeckt habe.

Chr. W.: Ich erlebe, daß die Gemeinde im Gefängnis so etwas ist wie Gemeinde im Exil. Und diese Dimension ist draußen verloren gegangen, weil Kirche nicht mehr im Exil ist. Kirche ist etabliert, Kirche kann sich frei entfalten, Kirche wird nicht behindert. Im Gefängnis gibt es dieses exilische Sein. Was das Volk Gottes in der Wüste und in Ägypten und in der ganzen Exodusgeschichte durchgemacht hat, diese Tradition ist ja auch irgendwo in der Kirche drin. Es geht nicht darum, wo ist die bessere, die echtere oder die ehrlichere Gemeinde, sondern daß wir fragen: was ist eigentlich Kirche drinnen und draußen, kann vielleicht die Kirche draußen etwas lernen von der Gemeinde da drinnen?

W. W.: Ich habe manchmal schon gedacht, eigentlich müßte die Kirche für den Gefangenen auch während der Freizeit erreichbar sein. Es macht mich sehr unzufrieden, daß das nicht möglich ist. Die Kirche liegt bei uns im Verwaltungsbereich. Ein Gefangener kann sich im Anstaltsgelände nicht frei bewegen. Er könnte sich also auch nicht einfach in die Kirche setzen. Ich denke, das fehlt: ein Raum, wo man wirklich mal ungestört zur Ruhe kommen kann. Das muß gar nicht unbedingt die Kirche sein. Aber ich würde mir wünschen, daß es einen "Raum der Bewahrung" nicht nur sonntags morgens für eine Gottesdienststunde gibt, sondern daß ein Gefangener als Mensch ernst genommen wird, selbst zu entscheiden, wenn er den Wunsch nach Stille und Besinnung hat, einen solchen Raum aufzusuchen.

K. St.: Das geht aber nur da, wo Kirche wirklich Kirche ist, wie bei euch. Bei uns käme nicht im Traum irgendjemand auf die Idee, sich in den Raum zu setzen, in dem Besuch, in dem Kino (zwar an der gegenüberliegenden Stirnseite) und in dem sonst alles mögliche ist und den wir uns am Sonntag nur herrichten, indem wir einen Kreis aufbauen.

Chr. W.: Was du, Werner, so sehnsüchtig als Ort der Bewahrung beschreibst, ist zwar schön, aber nicht das, was Kirche im Exil ist. Vielleicht liegt da so eine eschatologische Hoffnung drin, irgendwann mal diesen Ort, wo man zur Ruhe kommen kann, zu finden. Und ich glaube auch, daß wir an bestimmten Orten das vorwegnehmen können, hier schon, aber alles vorläufig. Deshalb finde ich es ehrlicher, wie wir in unserem nüchternen Mehrzweckraum mit einer Einsichtkanzel, also in einem Raum Gottesdienst feiern, wo der Aufsichtsdienst jederzeit durch die Glasscheibe in das Rund hineinschauen kann, wo auch die Störungen aus dem Knastalltag in die Minute der Stille reinhauen, wo der Sprechfunk vor der Tür: "Möwe 1 für Möwe 2, bitte kommen!" in unsere Andacht reinplatzt. Zwar auch das Glockengeläut von der Stephanuskirche nebenan, diese Dinge hören wir auch, wenn wir Stille erleben. Aber das, was ihr so beschreibt, kommt mir vor wie Fassadenverschönerung, als wenn man irgendwo die Mauer grün anmalt, mit schönen Bäumen und so, damit man das Gefühl hat, mal nicht im Knast zu sein.

P. R.: Ich glaube, daß "Raum der Bewahrung" gerade auch da sein kann, wo Möwe 1 oder 2 gerufen wird. Was ich unter Raum der Bewahrung verstehe, ist kein schalldichtes Kämmerlein, in das ich mich zurückziehe, sondern wo sich ereignen kann und ereignet mittendrin und im Angesicht dessen, was einen bedrängt, beunruhigt und ängstigt: "...wenngleich das Meer wütete und wallte von seinem Ungestüm die Berge einfielen - dennoch soll die Stadt Gottes fein lustig bleiben...", weil Gott "unsere Zuversicht und Stärke" ist (Ps. 46).

H. K.: Zur Anwesenheit von Beamten im Gottesdienst: Bei uns sind in der Regel vier Beamte, die Aufsicht führen. Für mich hat das eine bestimmte Bedeutung bei der Predigtvorbereitung. Ich denke, da sitzen ja auch die Beamten, wie werden die das nun hören und auffassen, was ich sagen will. Das finde ich eigentlich ein ganz gutes Korrektiv.

W. W.: Vielleicht liegt es daran, daß bei uns keine Beamten mit dabei sind, daß ich Gottesdienst eher als Asyl und nicht als Exil erlebe. Wenn Beamte freiwillig teilnehmen möchten, können sie gerne kommen. Zwei haben das mal wahrgemacht, aber sie waren eben nicht durch Dienst gezwungenermaßen dabei. So bin ich mit den Gefangenen allein in einem Raum, aber in einem Raum, wo es möglich ist, freier miteinander umzugehen. Es ist nicht so, daß ich Belastungen und Geräusche von außen, den Raum, die Gitter an den Fenstern verharmlosen will. Aber es ist eben möglich, dem nicht völlig ausgeliefert zu sein.

P. R.: Ich habe in der letzten Zeit ganz erfreuliche Erfahrungen mit der Teilnahme von Beamten an Gottesdiensten gemacht. Wenn sie den Raum betreten, bekommen sie vom Gefangenen-Küster ein Gesangbuch in die Hand gedrückt (wie jeder andere auch). Setzen sie sich auf einen Extra-Stuhl oder wollen ihren Stuhl aus der Reihe herausnehmen, vielleicht um besseren Überblick zu haben, werden sie vom Küster sehr freundlich, gar nicht herausfordernd, gebeten: Setzen Sie sich doch mit in die Reihe wie wir alle auch! Dem kann kaum ein Beamter widerstehen. Er wird ganz automatisch mit hineingenommen in die Gottesdienstgemeinde, und zwar durch die so persönlichen und freundlichen Worte des Gefangenen. Nach dem Gottesdienst kann das schon wieder anders sein. Aber hier in der Kirche herrscht ein anderer Ton, auch wenn der Beamte natürlich Beamter und der Gefangene Gefangener bleibt.

Chr. W.: Ich möchte noch etwas aus der Untersuchungshaft beitragen. Wenn Mittäter in der Kirchenliste getrennt geführt werden, muß einer die eine über die andere Woche pausieren, weil eben sein Komplize im Gottesdienst ist. Da passiert es schon mal, daß einer aus Versehen reinflutscht und die Beamten das merken, wenn der Gottesdienst schon begonnen hat, und daß dann einer kommt und den Gefangenen aus der Kirche herausholt. Ich stehe machtlos da. Da kann ich wenig von Asyl reden und sagen, hört mal zu, was macht ihr da, ihr holt mir jemand aus der Kirche raus. Ich halte das mit dem Asyl doch für ein bißchen überhöht. Im Grunde genommen habe ich nicht das Hausrecht, sondern ich stehe da und muß zusehen, wie die Beamten mir einen aus der Kirche herausholen.

H. K.: Bei uns haben wir eine sehr empfindliche Akustik. Wenn da einiges zusammenkommt und viel Unruhe herrscht, ist das ein Problem. Das kann heißen, daß etwas geschehen muß. Da finde ich es schon wichtig, daß ich das selber in die Hand nehme und versuche, auf eine möglichst gewaltfreie Art das Problem zu lösen und nicht die Beamten einen Freibrief haben, nach ihrem Ermessen für Ruhe und Ordnung in der Kirche zu sorgen.

K. St.: Wir haben viel davon geredet, was unseren Gottesdienst von dem draußen unterscheidet. Stellenweise hatte ich sogar den Eindruck, wir kommen ins Schwärmen und finden unsere Gemeinden besser als die draußen. Ich freue mich, daß wir nun wieder beim Menschlichen angekommen sind, an dem wir uns reiben. Ich glaube, was uns mit den Gemeinden in Freiheit verbindet, ist schlicht die Tatsache, daß es immer Menschen sind, die da zum Gottesdienst zusammenkommen. Und wo Menschen sind, da geht's eben auch menschlich zu mit allen positiven und negativen Dingen, die dazugehören. Da spielen dann augenblickliche Situation, momentane Stimmung, Sympathie und Antipathie und alle möglichen anderen Einflüsse eine Rolle. Der eine hält es eben in der Zelle nicht mehr aus und will einfach einmal raus, egal wohin, ein anderer kommt nicht mehr, weil er einen Mitgefangenen oder auch den Pastor nicht mehr riechen kann.

P. R.: Mir wird hier auch der Unterschied in den einzelnen Anstalten sehr deutlich. Ich hatte früher jeden Sonntag Gottesdienst in zwei ganz verschiedenen Anstalten: eine kleine mit vorwiegend Untersuchungsgefangenen und eine große, in der Gefangene meist lange, vielfach lebenslange Zeit leben müssen. Was ich zu schildern versucht habe, gilt von der letzteren: daß eine Kerngemeinde sich über lange Jahre zusammenfindet, daß es ein Fortschreiten gibt, nicht nur im Hören und Singen und Beten, sondern daß sich das dokumentiert im Leben, im Verhalten, im Umgang auch mit denen, die man nicht verknusen kann. Das ist Erlebtes und Erfahrenes. Das muß ich zum eigenen Erstaunen sagen. Aber damit ist nicht alles ideal. Die sogenannten Gefängnisrealitäten sorgen schon immer wieder für Betroffenheit und Herzklopfen. Aber genau da kann es geschehen und geschieht es, daß dann vielleicht ein Lied oder ein Gebet plötzlich eine andere Relevanz bekommt. Das manchmal ärgerliche Hereinbrechen der Gefängnisumwelt in den Gottesdienst ist für mich belastend. Aber daß auch, trotzdem - vielleicht gerade so? - eine andere Dimension in das Leben hinter Gittern hineinkommt, diese Erfahrung habe ich oft gemacht.

Orientierung

Herbert Koch

Raum der Bewahrung im Raum der Justiz

Theologische Überlegungen zum Gottesdienst im Gefängnis

Gottesdienst im Gefängnis ist ein wesentlicher Bestandteil des herkömm-
licherweise unter dem Begriff "Gefängnisseelsorge" firmierenden kirchlichen Arbeitsfeldes von Pfarrern und Diakonen im Justizvollzug.
Grundsätzliche Überlegungen zu seiner besonderen Funktion und Ausge-
staltung sind deshalb in engem Zusammenhang mit der theologischen
Grundlegung dieses kirchlichen Arbeitsfeldes überhaupt zu sehen. Diese
wiederum wird sich von vornherein auf den besonderen Charakter der
Institution, innerhalb derer hier kirchliche Arbeit geschieht, beziehen
müssen.

Kirche und Staat sind in kaum einem anderen Bereich so nahe beieinander
wie im Gefängnis. Dabei ist der Pfarrer nicht nur ein Mitarbeiter mit
einem besonderen Auftrag, nicht nur einer unter den "besonderen
Fachdiensten" (der gängige Oberbegriff, unter dem Sozialarbeiter,
Psychologen, Lehrer, Ärzte etc., die im Justizvollzug eingesetzt sind,
zusammengefaßt werden), sondern er ist zugleich Repräsentant einer
eigenen Institution, was in einigen Bundesländern auch dadurch klarge-
stellt ist, daß er als einziger vollberuflich in einer Anstalt tätiger
Mitarbeiter nicht die Justizverwaltung, sondern seine Landeskirche zum
Dienstherrn hat, die ihn auf der Basis eines Grundsatzvertrages mit dem
Staat in diese Aufgabe entsendet. Zur eigenen Institution innerhalb der
staatlichen Institution Justizvollzug wird die Gefängnisseelsorge durch
ihre besonderen, uneingeschränkten Rechte und Pflichten der Verschwie-
genheit und der Aussageverweigerung, die korrespondieren mit den
besonderen Rechten der Gefangenen auf ungehinderten Zugang zur
Seelsorge, d. h. zum Gespräch unter vier Augen mit dem Pfarrer und zur
Teilnahme an allen kirchlichen Veranstaltungen im Gefängnis.

Die Institution der Gefängnisseelsorge manifestiert damit die prinzipielle
Begrenzung allen staatlichen Anspruches auf den Menschen durch den
Anspruch Gottes, wie er sich in Jesus Christus als barmherzige Zuwendung
zur Not des Menschen offenbart hat. Sie hat darin ihre spezifische
theologische Begründung und zugleich Leitlinie für ihre konkret-
inhaltliche Orientierung. Dagegen liegt ihre Begründung nicht etwa darin,
daß sich im Gefängnis Menschen befinden, die gravierender Verstöße
gegen die geltende Rechtsordnung überführt wurden oder begründet
verdächtig sind, und die deshalb in besonderer Weise als "Sünder" und
folglich als einer speziellen kirchlichen Aufmerksamkeit bedürftig
anzusehen seien. Nicht die Besonderheit des Straffälligen fordert die
besondere Einrichtung des Gefängnispfarramts, sondern die Besonderheit
der Institution Gefängnis, die die von ihr erfaßten Menschen in einem
Maße ihrer Selbstbestimmung beraubt, wie es ansonsten im modernen
Rechtsstaat staatlichen wie nichtstaatlichen Institutionen ausdrücklich

nicht erlaubt ist. Aus dem Blickwinkel christlicher Rechtfertigungslehre ist der Rechtsbrecher kein Sünder besonderer oder besonders gravierender Art, sondern ein Mensch, dem der Pfarrer als Seelsorger nichts anderes auszurichten hat, als er überall und jedermann gegenüber auszurichten hat und nur im Wissen um die eigene Angewiesenheit ausrichten kann.

Auszurichten hat er die bedingungslose Annahme des Menschen durch Gott in Jesus Christus. Eine Annahme, die so bedingungslos, so selbstverständlich und (christlich) normal ist, daß sie des Zusatzes, sie gelte auch und gerade dem straffällig gewordenen Menschen, gerade nicht bedarf. Im Gefängnis freilich gilt, daß die Glaubwürdigkeit der Versöhnungsbotschaft in ganz besonderer Weise gebunden ist an das Paradigma der faktischen und praktischen Annahme der ihm Anvertrauten durch den Seelsorger. Unter den besonderen Bedingungen des Ortes, an dem hier Seelsorge geschieht, verstärkt durch ein häufig schon in der Lebensgeschichte tief verwurzeltes Mißtrauen, das häufig genug auch durch Erfahrungen mit kirchlichen Einrichtungen erworben wurde, kommt dem Symbolcharakter dieses Paradigmas eine Bedeutung zu, die außerordentlich hoch zu veranschlagen ist. Auch bei allen Überlegungen zum Stellenwert des Gottesdienstes und seiner Gestaltung muß dieser Zusammenhang gesehen werden. Die besonderen Rechte der Gefangenen und der Pfarrer in Bezug auf die Teilnahme am Gottesdienst und sonstigen kirchlichen Veranstaltungen (§ 54 Strafvollzugsgesetz) sind konkreter Ausdruck der theologisch begründeten Begrenzung staatlicher Verfügungsgewalt in der prinzipiellen Annahme des Menschen durch Gott und der nicht hinterfragbaren Würde jedes einzelnen als Geschöpf Gottes. Im Rahmen der totalen Institution Gefängnis hat deshalb schon die bloße Tatsache, daß Gottesdienst stattfindet und ungehindert an ihm teilgenommen werden kann, eine bestimmte Bedeutung, einen bestimmten Symbolwert mit Verkündigungscharakter. Die schlichte Normalität, daß - wie zur selben Zeit in jeder Kirche draußen - auch im Gefängnis ein Gottesdienst stattfindet, an dem teilzunehmen oder nicht teilzunehmen folgenlos dem eigenen Ermessen unterliegt, macht den Gottesdienst in der Unnormalität der Umgebung, in der er hier stattfindet, zu etwas Besonderem. Wird Gottesdienstteilnahme sonst eher als eine Pflicht erlebt, so hier eher als frei verfügbares Recht. In Anstalten, an denen hauptamtlich ein Seelsorger tätig ist, sollte deshalb, wenn irgend möglich, an jedem Sonntag ein Gottesdienst angeboten werden.

Fragt man Gefangene, die regelmäßig zur Kirche gehen, was ihnen die Teilnahme am Gottesdienst bedeutet, so lassen die Antworten weithin erkennen, daß der Gottesdienst einen geschützten Freiraum darstellt, den es sonst nirgendwo in der Anstalt oder im Anstaltsleben in vergleichbarer Weise gibt (Äußerungen von Gefangenen lauten etwa: "Im Gottesdienst kann ich mich wirklich entspannen"; "Beim Gottesdienst kann ich echt abschalten, kann ich den Knast vergessen"; "Nur in der Kirche fühle ich mich frei von der Aufsicht der Beamten, weil ich weiß, daß sie hier nicht das Sagen haben"). Dieser Freiraum wird durch eine Vielzahl von Faktoren konstituiert, wobei von erheblicher Bedeutung auch einfach der Kirchenraum als solcher schon ist, indem er in der Regel keine gefängnisspezifischen Merkmale aufweist, sondern ohne Weiteres wie ein Gottesdienstraum "draußen" gestaltet werden kann, da es kein Problem darstellt, einen Kirchenraum im Gefängnis so zu bauen und einzurichten, daß er den gegebenen Sicherheitserfordernissen entspricht, ohne etwas von seinem Charakter als Raum der Andacht und des Feierns einzubüßen. Darüber hinaus sind in vielen Anstalten die Gegebenheiten so, daß auf die Anwesenheit von aufsichtführenden Beamten beim Gottesdienst verzichtet werden kann. Einen "Raum der Bewahrung" hat die EKD in ihren "Empfehlungen zur Seelsorge in Justizvollzugsanstalten" von 1979 die kirchliche Arbeit im Gefängnis genannt. In Bezug auf den Gottesdienst und seinen äußeren Rahmen in einer Anstalt ist dieser Ausdruck nicht nur ein Bild, sondern kann Benennung eines Stücks sinnlich erlebbarer Realität sein.

Kirche im Gefängnis als Freiraum bildende Normalität bedeutet, was die formale und inhaltliche Gestaltung des Gottesdienstes betrifft, daß er Menschen im Gefängnis selbstverständlich keine anderen Aussagen zu vermitteln bzw. eigene Frömmigkeitsäußerungen zu ermöglichen hat als Menschen in Freiheit. Der "verlorene Sohn" ist zwar ein überall mögliches, aber kein spezifisches Thema für das Gefängnis, weil es ein solches grundsätzlich nicht geben kann. Bestimmte traditionelle Schwerpunkte christlicher Verkündigung, insbesondere das Thema "Schuld und Vergebung", werden vielmehr in dem hier gegebenen Kontext mit besonderer Sorgfalt und Behutsamkeit zu behandeln sein, um dem naheliegenden Mißverständnis zu entgehen, Sinn und Zweck kirchlichen Redens und Handelns im Gefängnis sei die Legitimation und Sinngebung des sich hier vollziehenden staatlichen Handelns. Der sonntägliche Gottesdienst ist ausschließlich als eine kirchliche Veranstaltung im äußeren Rahmen der staatlichen Institution Strafvollzug, nicht aber in deren eigenem Sinnzusammenhang zu verstehen. Er verbindet die Gemeinde im Gefängnis mit der Gemeinde in Freiheit in der einen Kirche. Konkreten Ausdruck kann das in der gelegentlichen oder regelmäßigen Beteiligung von Ortsgemeindegruppen an der Gestaltung des Gottesdienstes finden. Es sollte außerdem in der Verwendung bestimmter traditioneller Grundbestandteile des Gottesdienstes, die auch relativ entkirchlichten Menschen bekannt sind und sich für einen sich regelmäßig wiederholenden Gebrauch besonders eignen (z. B. Votum, Vaterunser, Segen) zum Tragen kommen. Der Gottesdienst muß für die Gefangenen identifizierbar bleiben als ein "normaler" Gottesdienst, der grundsätzlich in der derselben Form auch außerhalb der Anstalt stattfinden könnte. Bei der zweifellos im Gefängnis in besonderer Weise gegebenen Chance (mitunter auch Notwendigkeit), mit Gottesdienstformen zu experimentieren, sollte das immer mitbedacht werden. Nicht zuletzt dürfte dies auch im Hinblick darauf von Bedeutung sein, daß die Identifizierbarkeit des Gefängnispfarrers als Pfarrer nicht unerheblich davon abhängt, daß und wie er Gottesdienst hält bzw. in Zusammenarbeit mit anderen gestaltet.

An dieser Stelle, wo der Pfarrer als die in Planung und Durchführung des Gottesdienstes in der Regel maßgeblich agierende Person ins Blickfeld kommt, kann und muß dann auch die Rede sein von dem, was Gottesdienst im Gefängnis von Gottesdienst in der Ortsgemeinde unterscheidet: Anders als es in der Ortsgemeinde in der Regel der Fall ist und wohl auch kaum der Fall sein kann, ist der Gottesdienst im Gefängnis integraler Bestandteil des gemeinsamen Lebens und Erlebens des Pfarrers und der ihm Anvertrauten. Pfarrer und Gottesdienstgemeinde sind hier in unvergleichlich geringerem Maße füreinander anonym. Sie wissen mehr voneinander, sie haben eine intensivere Wahrnehmung voneinander.

Damit wird die Frage der Glaubwürdigkeit in erheblich verstärktem Maße relevant. Der Pfarrer als Prediger und kompetenter Gesprächspartner in Glaubensfragen findet sich hier in einer Situation, in der er auf Dauer der Anfrage an seine ganz persönliche Frömmigkeit, an seine ganz persönlichen Überzeugungen, nicht ausweichen kann. Er muß sich hier selbst zu erkennen geben und gegebenenfalls auseinandersetzen und verteidigen. Gottesdienst kann im Gefängnis gerade in diesem Punkt ein unvergleichlich lebendigeres Geschehen sein, als es anderswo überhaupt vorstellbar ist: Verbale Reaktionen der Gefangenen untereinander auf Aussagen der Predigt wie auch Zwischenrufe und Rückfragen sind durchaus nichts Ungewöhnliches. Daß dabei der Prediger ganz persönlich ernstgenommen und entsprechend herausgefordert ist, liegt auf der Hand. Dem auszuweichen durch Erörterung allgemeiner, intellektuell-theologischer Probleme, hinter die man sich selbst zurückziehen kann, ist hier nur unter einem Verlust an Glaubwürdigkeit möglich, der für die gesamte Arbeit folgenreich sein kann. Was für den Pfarrer "draußen" auf solche Weise noch gehen mag (ohne empfehlenswert zu sein), ist für den Pfarrer im Gefängnis angesichts seiner intimeren Kenntnis und ständigen Konfrontation mit der konkreten Lebenssituation der Gottesdienstteilnehmer nicht mehr möglich.

Gottesdienst unter solch anders gearteten Bedingungen, mit einer in so besonderer Weise gegen unechte Töne sensiblen Gemeinde, birgt damit auch ganz besondere Chancen in sich. Der Pfarrer kann die Erfahrung machen, daß Offenheit in Fragen des ganz persönlichen Glaubens wie auch der ganz persönlichen Zweifel mit Anerkennung und taktvollen Reaktionen honoriert wird. Er kann dabei in einen für ihn selbst gewinnbringenden Prozeß hineingeraten. Und er kann bei anderen die Beobachtung machen, daß befreiende Erlebnisse mit Bibeltexten möglich sind, wo in solcher Echtheit miteinander und mit der Sache umgegangen wird.

Karl Steinbauer

Die Gemeinde in der Justizvollzugsanstalt und ihr Gottesdienst

Wer ältere Strafanstalten betritt, hat oft eine große, imponierende Kirche vor sich. Diesem optisch dominierenden Eindruck entsprach früher auch inhaltlich die Bedeutung von Kirche und Gottesdienst für den Strafvollzug. Der Kirchgang gehörte zum System der Beeinflussung des Gefangenen und hatte neben der Einzelseelsorge die Aufgabe, den Inhaftierten zu Reue und Buße zu veranlassen. Der Bestrafte sollte in sich gehen und dadurch moralisch gebessert werden. Es versteht sich von selbst, daß Gottesdienstbesuch demnach Pflicht war. Damit erklärt sich auch die - heute oft als Last empfunden - Größe der Anstaltskirchen. In dieses System paßt auch die Anordnung der Bänke und ihre Unterteilung durch Trennwände, so daß jeder zwar den Blick zu Altar und Kanzel hatte, den Nebenmann aber nicht sehen konnte. Die Benutzung des Kirchenraums zu anderen Belehrungen gab ihm daher auch oft den Namen Schule. Gut nachempfunden ist diese Situation in Zuckmayers "Hauptmann von Köpenick".

Dieser Gottesdienst und die dazugehörige Theologie sind Geschichte, und keiner weint dem eine Träne nach. Sowohl das theologische Selbstverständnis der in den Gefängnissen arbeitenden Pastoren als auch die Erwartungen des Staates sind anders geworden. Schon optisch fällt dies auf, wenn man neuere Anstalten damit vergleicht. Ein sichtbares Kirchengebäude ist kaum zu entdecken; Gottesdienste finden oft in Räumen statt, die auch anderen Zwecken dienen. Eigene, nur dem Gottesdienst vorbehaltene Kirchen sind eher die Ausnahme. Auch in alten Anstalten sind die Kirchen häufig umgestaltet. Die Bänke mit den Trennwänden sind nicht mehr zu finden. Oft werden Besuche und andere Veranstaltungen in der Kirche gehalten, oder sie ist völlig entwidmet, etwa als Turnhalle, und der Gottesdienst wird in einem anderen Raum gefeiert. Der Besuch ist heute freiwillig.

Was bedeutet Gottesdienst im Gefängnis unter diesen Bedingungen heute? Was kann und will er erreichen? Ist im Gefängnis Gottesdienst im eigentlichen Sinne möglich? Um diese Fragen beantworten zu können, ist zu klären:
- das heutige theologische Verständnis von Gottesdienst und die Relevanz der bestimmenden Elemente im Gefängnisgottesdienst;
- die sich im Gottesdienst versammelnde Gemeinde in einer Justizvollzugsanstalt;
- wie sich die verschiedene Haftformen (Untersuchungshaft, geschlossener und offener Vollzug) auswirken.

Theologische Kriterien

Gottesdienst ist nicht irgendeine Veranstaltung der Gemeinde unter vielen anderen, sondern er ist nach evangelischem Verständnis der Ort, an dem sich die Gemeinde konstituiert. Deshalb müssen die für den Gemeindebegriff wichtigen Elemente in irgendeiner Form auch im Gottesdienst aufweisbar sein. In der kirchlichen Tradition haben sich dabei die folgenden vier Kategorien gebildet und durchgehalten, die zwar interdependent sind, aber zur begrifflichen Klärung getrennt behandelt werden:
- martyria, die Vergegenwärtigung des Christusgeschehens;
- leiturgia, Lob und Anbetung;
- koinonia, die "Gemeinschaft der Heiligen";
- diakonia, die Verantwortung der Christen füreinander und für die Welt.
Unter diesen Kriterien läßt sich nun auch der christliche Gottesdienst beschreiben, nach welcher Form und aus welchen Traditionen er auch immer gestaltet sein mag.

martyria

Gemeinde entsteht durch die Verkündigung des Wortes Gottes, wo und wann es dem Heiligen Geist gefällt. Hier begegnet der Mensch dem lebendigen Gott. Nach der Confessio Augustana Art. VII gehören die Sakramente als verbum visibile ebenfalls in diesen Zusammenhang. Verkündigung ist hier verstanden als Vergegenwärtigung des Christusgeschehens durch Zeugnis, Meditation und Reflexion, nicht ausschließlich in der Form der Predigt.

Im Gefängnisgottesdienst ereignet sich solche Verkündigung und die Sakramente, speziell das Abendmahl, werden gefeiert. Viele Erfahrungen machen darüber hinaus deutlich, daß Reflexion und Zeugnis eigenen Glaubens intensiver praktiziert werden als in den meisten Gemeindegottesdiensten. Nicht selten wird eine Predigt durch eine Zwischenfrage unterbrochen, viele Gottesdienste sind nach dem Segen noch nicht beendet, sondern setzen sich in einem Gespräch fort in einer Intensität, die viele Gemeindepastoren nur erträumen. Die vielbeklagte "Einbahnkommunikation" - der Pastor redet und die Gemeinde hört zu - wird oft aufgebrochen, so daß Zweifel und Mißverständnisse artikuliert und auch andere Erfahrungen mit bedacht werden können.

Ich sehe in diesen Dingen Elemente einer mündigen Gemeinde, die nicht in einer kritischen Konsumentenhaltung verharrt, sondern die sich mit den Inhalten des Glaubens auseinandersetzt. Hier wird vom Prediger Echtheit gefordert. Vielfältige Reaktionen, meist nonverbaler Art, zeigen, ob man ihm das Gesagte abnimmt oder als Gemeinplätze oder gar Phrasen abtut. Die großen, theologisch dichten Aussagen der Dogmatik, hinter denen sich ein Prediger gelegentlich verstecken kann, müssen nachvollziehbar und einsehbar in kleine Münze umgesetzt werden. Wenn eine Predigt nur dogmatisch "richtig" ist, kommt sie im Vollzug kaum an. Traditionell geprägte Gemeinden sind an diesem Punkt in der Regel toleranter (oder bequemer?) als die Gefängnisgemeinde. Damit hängt sicher zusammen, daß sich die meisten Predigtmeditationen in unserem Bereich als wenig hilfreich erweisen. Auch die Schwierigkeit mancher Gemeindepastoren bei Vertretungen mag hier eine ihrer Ursachen haben.

leiturgia

Die Verkündigung wirkt Glauben, der aber zugleich Werk des Heiligen Geistes ist und sich daher menschlicher Beurteilung entzieht. Er läßt sich auch nicht statistisch verifizieren. So kann man dieses Element des Gottesdienstes nur in äußerlich aufweisbaren Formen darstellen, die aber nicht unbedingt für die Sache stehen müssen. Solche Ausdrucksformen des Glaubens können sein: gemeinsame Lieder, ein Credo, ein Confiteor, die Feier des Abendmahls oder ein gemeinsam gestaltetes Fest und das Gebet. Nicht zuletzt kann auch der Besuch des Gottesdienstes Hinweis auf individuellen Glauben sein.

Aus dem Gesagten wird klar, daß sich die Überlegung erübrigt, ob sich im Gefängnisgottesdienst Glauben manifestiert. Sowohl hier wie im Gottesdienst einer Ortsgemeinde sind Formen des Glaubens aufzuweisen, aber hier wie dort nicht auf ihren sachlichen Gehalt überprüfbar.

koinonia

Glaube führt aus der Isolierung in die Gemeinschaft. Die Verkündigung schafft nicht religiöse Individuen, sondern Gottes Volk. Hier sind alle Elemente wiederzufinden, die uns erst in neuerer Zeit als wichtige Bausteine für die Kirche bewußt geworden sind: Gemeinde als Ort der Geborgenheit, des Friedens, des Vertrauens; Gemeinde als Volk Gottes inmitten dieser Welt. Konzentriert ereignet sich dies in der Feier des Abendmahls.

Im Strafvollzug ist der Gottesdienst ein Ort der Geborgenheit. Grund dafür ist, daß im Gottesdienst andere Voraussetzungen herrschen als im Alltagsgeschehen einer Anstalt. Während dort durch Mißtrauen, Beobachten, Genehmigen und Anlehnen ein System von Rechten und Pflichten aufgebaut wird, bei dem freie Menschen "Gescheiterte" verwalten, was zu Angst, Aggression und Depression führen kann, treffen sich im Gottesdienst Menschen, die grundsätzlich gleichwertig sind, weil sie sich vor Gott gemeinsam als gerechtfertigte Sünder verstehen können. Das ermöglicht eine qualitativ andere Interaktion und gibt Raum für demokratisches, ja fürsorgliches Umgehen miteinander. Diese angstfreie Kommunikation kann ein Gruppengefühl entstehen lassen, in dem Freiheit und Geborgenheit erfahrbar werden. Recht haben und Recht bekommen brauchen dann hier nicht mehr die dominierende Rolle zu spielen und ein weniger aggressiver Ton kann die Lösung mancher zwischenmenschlicher Probleme leichter machen.

diakonia

Gemeinde ist nicht Selbstzweck und Glaube nicht rein privates Empfinden, Glaube zielt auf die Tat. Damit ist die Gemeinde zum Dienst an ihren

Mitgliedern und an der Welt gerufen. Hier weist der Gottesdienst über sich hinaus in den Alltag, in dem die Impulse in Aktionen umgesetzt werden. Innerhalb des Gottesdienstes haben hier das Sündenbekenntnis als Eingeständnis mangelnder Liebe und die Fürbitte ihren Platz. Der ursprüngliche Ort dieser diakonischen Dimension war die Kollekte die aber in unseren Gemeinden weitgehend den Charakter des verantwortlichen Opfers verloren hat.

Die Erfahrung von Geborgenheit setzt Kräfte frei, die auch die Nöte und Bedürfnisse des Mitmenschen erkennen lassen. Es muß nicht eigens betont werden, daß sich christliche Verantwortung nicht in Gesten materiellen Teilens erschöpft; aber auch das Paket Tabak an einen "Neuen" und die Tasse Kaffee können im Vollzug Zeichen echter Nächstenliebe sein. Auch die Nachfrage nach dem Grund eines depressiven Schweigens oder der Versuch, für einen Mitgefangenen, der weniger gewandt ist, beim Abteilungsleiter oder über den Sozialdienst eine Hilfe zu erreichen, gehören ebenso dazu wie das geduldige Ertragen eines schwierigen Mitmenschen, den alle anderen ablehnen.

Mit dem bisher Gesagten soll nicht behauptet werden, es gäbe keinen Unterschied zwischen einem Gemeindegottesdienst und dem Gefängnisgottesdienst. Im Gegenteil: Gottesdienst in einer JVA ist anders, oftmals von der Form her, von der benötigten Zeit, vom ganzen Umfeld. Darüber wird noch zu reden sein. Aber er ist Gottesdienst im vollen Sinn und die, die zusammenkommen, sind Gemeinde Jesu Christi. Gerade weil alle Elemente, die einen Gottesdienst ausmachen, vorhanden sind, mit allen Fehlern und mit aller Fülle wie im Gemeindegottesdienst, muß er ohne Einschränkung so gesehen werden. Damit sind einige Meinungen zum Thema Gottesdienst im Gefängnis falsch:

- Gottesdienst ist keine missionarische Gelegenheit, bei der Menschen für eine Kirchenmitgliedschaft draußen geworben werden sollen. Es trifft zu, daß jemand im Vollzug erstmals und oft recht intensiv ein Verhältnis zur Kirche bekommen, aber nach seiner Entlassung den Kontakt zur Gemeinde draußen nicht finden kann. Das muß kein Versagen der Gemeinde in der JVA sein. Auch bei Umzügen von Gemeindegliedern hat man ähnliche Phänomene beobachtet. Es könnte dies auch eine Anfrage an die Ortsgemeinden und ihre Integrationskraft sein.

- Gottesdienst ist nicht der Ort, Moral zu predigen. Gewiß muß auch hier über Schuld und Vergebung geredet werden. Aber ein Prediger des Evangeliums kann dies immer nur tun als ein selbst Betroffener, der seine eigene Schuldhaftigkeit kennt und damit leben kann, weil er sich in Gottes vergebender Gnade aufgehoben und geachtet weiß. Wer meint, Strafgefangenen ihre besondere Sündhaftigkeit andemonstrieren zu müssen, reißt den Graben zwischen "Guten" und "Bösen" erneut auf, wie es im Vollzug häufig praktiziert wird, und hat die befreiende Botschaft des Evangeliums vergessen.

- Gottesdienst ist keine vollzugliche Veranstaltung. Sein Zweck kann nicht sein, Vollzugsmaßnahmen und -anordnungen zu rechtfertigen und damit kirchlich zu untermauern. Das heißt nicht, daß nicht im Einzelfall eine Entscheidung der Anstalt oder auch der Vollzugsbehörde Thema eines Gottesdienstes sein könnte, etwa wenn sie große Betroffenheit ausgelöst hat. Aber primär steht Gottesdienst unter einem Vorzeichen, das nicht der Vollzug setzt.

- Gottesdienst ist auch nicht Gegenveranstaltung zum Vollzug, bei der das Bestehende aus den Angeln gehoben werden soll. Sicher muß es möglich sein, im Gottesdienst Unmut und Sorge zu artikulieren und Verbesserungen zu konzipieren. Aber dies kann und darf nicht auf Dauer das einzige Thema sein.

Die gottesdienstliche Gemeinde

Die Menschen, die im Gefängnisgottesdienst zusammenkommen, sind durch bestimmte Gegebenheiten besonders geprägt. Da sind zunächst die durch die Inhaftierung gesetzten Daten:

- In einer JVA ist der Mensch von seinem bisherigen Lebensmittelpunkt weitgehend abgeschnitten. Stabilisierende Beziehungen zu vertrauten Angehörigen und Freunden sind unterbrochen. Der Ort, der eine gewisse Sicherheit geboten hat, ist - in Flächenstaaten auch räumlich - weit weg.

- Im gesamten Strafvollzug wird noch immer die strikte Trennung der Geschlechter praktiziert, abgesehen von ersten Versuchen einer gemeinsamen Haft in sozialtherapeutischen und Übergangsanstalten. Selbst beim Personal war es bis vor kurzem die Ausnahme, wenn eine Frau im Männervollzug und ein Mann in der Frauenhaft tätig war. Nicht nur sexuelle, auch emotionale Bedürfnisse werden einfach negiert.

- Der Raum der persönlichen Bewegungsfreiheit ist auf eine Zelle von rund acht Quadratmeter oder auf einen Teilbereich mit Spind und Bett in einem Saal eingeengt. Die Verfügung über das persönliche Eigentum ist rigoros beschnitten. Eigene Kleidung ist durch Anstaltskleidung ersetzt, nahezu alle eingebrachte "Habe" wird verwahrt. Nur ein Rest ganz persönlicher Gegenstände wird - oft nach einem umständlichen Genehmigungsverfahren - wieder zugelassen und gelegentlich nur widerruflich ausgehändigt.

- Es bleibt kaum Platz für eigenverantwortliche Entscheidungen. Zur Arbeit wird der Inhaftierte eingeteilt. Über Besuchszulassung wird entschieden und Buch geführt. Telefonische Kontakte müssen meist vorher genehmigt werden. Kontaktpersonen für den Urlaub werden überprüft. Das Geld wird ein- und zugeteilt. Selbst ganz persönliche Angelegenheiten werden nicht selten von fremden Leuten geregelt.

- Jedem Inhaftierten hat man mit staatlicher Autorität sein Fehlverhalten nachgewiesen und behaftet ihn nun dabei (bei Untersuchungshaft steht die Vermutung für den Nachweis). Er gilt fortan als Räuber, Betrüger, Mörder, Dealer, Sexualstraftäter usw. Man hat einen Menschen auf einen

Teilaspekt seines Lebens, eine Tat oder eine Reihe von Taten reduziert. Zu diesen vom Vollzug gesetzten Daten kommen noch die biografischen, die die ersteren häufig noch potenzieren. Die überwiegende Mehrheit der Insassen einer JVA ist soziologisch der Unterschicht zugehörig. Damit sind Defizite vermacht. Die soziale Randlage hat Erfahrungen mit Scheitern gebracht: negative Erfahrungen im Elternhaus: Trennung der Eltern, Alkoholismus, gescheiterte Erziehung und Heimeinweisung; unabgeschlossene Schulausbildung bei durchaus vorhandener Intelligenz, mehrfach begonnene aber nicht zu Ende gebrachte Berufsausbildung, Scheitern im persönlichen Bereich: oft mehrere Ehescheidungen oder häufiger Partnerwechsel.

Nur ganz wenige, psychisch Stabile oder Abgestumpfte, überstehen eine Inhaftierung ohne Schwierigkeiten. Für nahezu alle ergeben sich erhebliche Probleme.

- Zunächst bewirkt die Inhaftierung schlicht Angst. Neue Menschen, neue Umgebungen und andere Lebensumstände wollen erst begriffen und akzeptiert sein. Dazu kommen die Sorge um die Dinge und Menschen draußen. Selten sind rasche Klärungen von Problemen möglich. Verzweiflung, Depression oder Aggression sind die Folge dieser Erfahrung von Ohnmacht und Unsicherheit. Dies ändert sich oft mit der Dauer der Inhaftierung und kann sogar ins Gegenteil umschlagen: die Anstalt wird der Ort der Geborgenheit und Sicherheit und das Leben draußen zur angsterregenden fremden Welt.

- Selbst bei Inhaftierung auf einem Saal, erst recht aber bei Einzelunterbringung, entsteht ein Gefühl von Isolierung und Einsamkeit. Mißtrauen untereinander und der Institution gegenüber sind vorherrschend. Ein Kumpel kann keinen Freund ersetzen und ein Zellennachbar nicht den vertrauten Menschen, mit dem man ungeschützt reden kann. Die Kommunikation, wichtigstes Element menschlichen Lebens, verkümmert weithin.

- Das bestimmende Reglement einer Anstalt verursacht das Empfinden von Abhängigkeit und Ausgeliefertsein. Hier liegen - wohl im Gegensatz zu früheren, weitaus autoritäreren Strukturen - heute besondere Probleme und Gründe für viele Reibungen mit Bediensteten, obwohl objektiv gesehen die Repression ein weit geringeres Maß hat. Man läßt sich nichts sagen.

- Die infantile Rolle, in die man den Gefangenen durch Beschneidung der Eigenverantwortlichkeit drängt, bewirkt nun auch bei ihm eine Infantilisierung. Vielfache Verhaltensweisen "wie bei Kindern" sind die Folge. Er wird servil und versucht sich Liebkind zu machen und/oder probt die Trotzphase. Nur selten entsteht deshalb eine echte Solidarität innerhalb einer Haftanstalt, zu viele möchten die Position des Besten haben. Omnipotenzphantasien sind ebenso anzutreffen wie das Gefühl völliger Wertlosigkeit, oft im gleichen Menschen. Unrealistische Hoffnungen auf den "großen Vater" oder die "große Mutter" werden auf Anwälte, Freunde,

Mitarbeiter der Anstalt und nicht zuletzt den Pastor projiziert. Überschäumendes Glück über Kleinigkeiten, aber auch Trotz und Unnachgiebigkeit bei nichtigen Anlässen kann man erleben.

Haftformen und Gottesdienst

Gottesdienst geschieht immer im Kontext der Situation der Gemeinde. Deshalb sind die dargestellten Befindlichkeiten einer Gemeinde im Strafvollzug integraler Bestandteil des Gottesdienstes. Dabei unterscheiden sich die Situationen je nach Art der Anstalt noch einmal grundlegend. In vielen Anstalten werden die verschiedenen Haftformen nebeneinander vollzogen, so daß der Unterschied nicht ins Auge fällt. Aber dort, wo sie rein oder überwiegend praktiziert werden, haben sie Rückwirkungen auf den Gottesdienst. Dies soll an drei typischen Beispielen dargestellt werden.

Untersuchungshaft

Durch den Haftbefehl wird ein Mensch abrupt aus seinem bisherigen Lebenszusammenhang herausgerissen. Der Kontakt mit Angehörigen und Freunden wird streng überwacht, zum Teil ganz unterbunden. Die neue Umgebung ist fremd und damit angsterregend. Die Isolierung ist oft nahezu total. Einzelunterbringung für 23 Stunden am Tag, nur unterbrochen durch eine Stunde Hofgang, auch noch ohne die Möglichkeit der Kontaktaufnahme zu einem anderen sind durchaus die Regel. Gemeinschaftsunterbringung zu den gleichen zeitlichen Bedingungen gibt zwar die Möglichkeit zu Gesprächen, erhöht aber meist die Aggressivität. In den großen Untersuchungshaftanstalten besteht auch kaum die Gelegenheit, ein Gespräch mit dem Stationsbeamten zu führen. Man muß sich schriftlich zu einem dafür zuständigen Mitarbeiter "vormelden". Der Inhaftierte wird bis zum Termin oder zur Haftprüfung verwahrt, verwaltet, numeriert, mit dem Lebensnotwendigsten versorgt, aber sonst weitgehend auf sich selbst zurückgeworfen. Er hat ambivalente Gefühle im Hinblick auf seinen Termin und fühlt sich in der Zwischenzeit zwischen juristischen und verwaltungstechnischen Belangen hin- und hergeschoben ohne die Zusammenhänge im einzelnen zu durchschauen. Ferner belastet ihn die Sorge um das "Draußen". Die Frage, wie Frau und Kinder mit der neuen Lage fertig werden, was mit dem Arbeitsplatz wird oder ob das Geschäft ohne Chef läuft, zehrt an den Nerven. Was wird aus Wohnung und Habe, wenn sich keiner kümmert? Halten Frau oder Freundin durch? Die Post dauert - wegen der richterlichen Kontrolle - Tage, und ein rasches Telefongespräch, mit dem man üblicherweise eine Sache schnell klärt, ist kaum oder nur nach einem umständlichen Genehmigungsverfahren möglich. Für dringende persönliche Angelegenheiten muß man fremde Menschen in Anspruch nehmen, die erst einmal entscheiden, ob die Sache wirklich dringend ist, um die man meist höflich, gelegentlich auch nachdrücklich bitten muß.

Gottesdienst in der Untersuchungshaft heißt daher häufig zunächst einmal "raus aus der Zelle", Tapetenwechsel, einen anderen Raum, aber vor allem

Menschen sehen, mit denen man ein paar Worte reden kann. Für kurze Zeit die Umgebung vergessen, mal etwas anderes hören und sehen. Diesem legitimen Bedürfnis hat der Gottesdienst Rechnung zu tragen, indem ein Raum für Gespräche untereinander ermöglicht wird. Die Feier selbst kann ein kleines Stück Freiheit sein und das Empfinden vermitteln, daß die Welt nicht nur aus Untersuchungshaft besteht. Hier kann sich eschatologische Hoffnung ereignen, die über die gegenwärtige Lage hinausweist, die dann auch aggressionsmindernd wirkt.

Der Gottesdienst in der Untersuchungshaft wird daher weniger geprägt sein von Experimenten und laufend geänderten Ordnungen. Gerade hier wird ein Inhaftierter mit traditioneller kirchlicher Prägung dankbar sein, auch im Vollzug ihm bekannte Elemente und Wendungen im Gottesdienst wiederzufinden, die ihm Vertrautheit vermitteln. Auch der Gesang bekannter Lieder kann hier verbinden. Meditative Elemente, die Identifikationsmöglichkeiten bieten und Raum lassen, sich selbst einzubringen, und die häufigere Feier des Abendmahls als sichtbares Zeichen einer über den Alltag hinausreichenden Versöhnung haben hier einen weiten Raum.

Geschlossener Vollzug

Hierunter soll eine Anstalt verstanden werden, in der Inhaftierte untergebracht sind, für die wegen der Länge der zu verbüßenden Strafe oder aus anderen Gründen (Sicherungsverwahrung, Überhaft) Vollzugslockerungen noch nicht zur Diskussion stehen.

Von den formalen äußeren Gegebenheiten her sind viele Ähnlichkeiten mit der Untersuchungshaft zu finden: Sichere Verwahrung mit Mauern, Wachttürmen und Stacheldraht, geschlossene Zellen und Abteilungen, die aber in vielen Fällen heute schon zu bestimmten Zeiten oder für einzelne Bereiche offen sind. Entscheidend bleibt aber, daß der Lebensraum des Inhaftierten auf den Bereich der Anstalt, evtl. noch das Anstaltsgelände (Höfe, Sportplätze etc.) beschränkt ist.

Der wichtige Unterschied zur Untersuchungshaft liegt aber darin, daß ein großer Teil der Ungewißheit weggefallen ist. Es herrschen für den Betroffenen weitgehende klare Verhältnisse, einmal abgesehen von den Fällen, in denen eine nachträgliche Änderung des Urteils nach Rechtskraft noch immer versucht wird. Der Inhaftierte beginnt, sich in seiner Umgebung einzurichten und sie zu seiner neuen Welt zu machen, mit der er sich abzufinden hat. Das Leben draußen verblaßt oder wird zur weit entfernten, glorifizierten oder angstbesetzten Ferne. Häufig reißen Beziehungen endgültig ab oder verkümmern zu Besuchsverhältnissen, nicht selten zerbrechen Ehen und entfremden sich Eltern und Kinder. Sofern nicht der Weg in die totale Isolierung beschritten wird durch Beschäftigung mit Hobbies oder dauerndem Fernsehkonsum, werden neue Kontakte gesucht und gefunden, nicht nur mit Menschen des gleichen Schicksals, sondern auch mit Bediensteten aller Gruppierungen und mit Betreuern von draußen. Die Kommunikation ist aus Mangel an Alternativen oft stark affektiv besetzt. Daher kann eine unbedachte oder unerwartete Reaktion des Gesprächspartners rasch zur Katastrophe und Offenheit zu Ablehung mit Haß- und Rachegefühlen werden. Weil ein Ausweichen aus der kleinen Welt der Anstalt nicht möglich ist, müssen alle Erlebnisse mit dem zur Verfügung stehenden Verhaltensrepertoire auf engem Raum irgendwie verarbeitet werden. Dabei sind aggressive Durchsetzungsmechanismen ebenso zu finden wie Flucht in Traumwelten und depressives Zurückziehen neben kindlichem Bitten und Fordern. Auch inhaltlich verkümmert die Kommunikation mangels eines Angebots auf den Anstaltsklatsch.

Der Gottesdienst gehört mit zu dieser weitgehend abgeschlossenen und autonomen Welt. Man trifft die gleichen Leute, man sitzt in dem Raum, in dem auch der Besuch und manche Gruppenaktivität stattfindet, man kennt den Pastor und den Organisten. Formal bestehen gewisse Ähnlichkeiten zum Gottesdienst einer Dorfgemeinde: man kennt sich im positiven wie im negativen Sinn. Man weiß, was zur Zeit an Themen anliegt. Es bildet sich die Kerngemeinde, dazu erscheint meist eine Reihe von "Wohlgesonnenen", wenn sie gerade in Stimmung sind oder "nichts Besseres" zu tun haben.

Insgesamt hat der Gottesdienst einen gewissen familiären Charakter. Hier liegen seine Chancen und auch seine Gefahren. Er kann abrutschen in eine gemütliche Stunde für Leute, die sich gern mit dem Pastor treffen und sich dabei nur selbst bestätigen, bedauern oder auch ganz einfach nett finden. Gewiß ist auch dies eine legitime Funktion des Gottesdienstes. Aber er sollte Anregungen geben, über das Bestehende hinaus. Er könnte die Enge der Anstalt transzendieren und die ganz andere Dimension des Glaubens in den Alltag hinein vermitteln. Eine Gemeinde in einer solchen Anstalt kann "Salz der Erde und Licht der Welt" sein, wenn sie sich ihrer Existenzgrundlagen vergewissert und bereit ist, Verantwortung für sich und andere zu tragen. Gerade das hohe Maß an Bekanntheit gibt die Möglichkeit, Dinge konkret beim Namen zu nennen und damit zu einer gemeinsamen Lösung zu gelangen. Ob nach dem Kirchenjahr oder aus sonstigen Anlässen, es gibt Gelegenheit, gewisse Höhepunkte festlich im Gottesdienst zu gestalten: in anderer Form, mit Gästen oder sonst "besonders".

Offener Vollzug

Er soll hier so verstanden werden, daß sein Charakteristikum im Gegensatz zu den geschilderten beiden Vollzugsformen die mehr oder weniger weitgehende Öffnung nach außen ist. Fast alle Insassen sind oder werden in absehbarer Zeit urlaubsgeeignet, entweder weil die Haftdauer nur relativ kurz ist oder weil nach längerer Haftdauer nun eine Lockerung angezeigt ist. Vielfach wird Freigang - frei vereinbartes Arbeitsverhältnis mit normaler Entlohnung; weitgehende Abwesenheit von der Anstalt - praktiziert. Manche Haftzeiten sind so kurz, daß es zu einer Kontaktaufnahme nicht kommt.

Der Lebensmittelpunkt des Inhaftierten im offenen Vollzug liegt außerhalb der Anstalt. Dies ist der entscheidende Unterschied zu den anderen Vollzugsarten. Entweder werden bestehende Familien-, Freundschafts- und Geschäfts- oder Arbeitsbeziehungen über die Zeit der Inhaftierung hinüber gerettet, oder das Denken zielt darauf ab, neue persönliche und wirtschaftliche Kontakte anzuknüpfen. Deshalb sind auch Urlaub, Ausgang, Entlassung zum Zweidrittel-Zeitpunkt, eine eventuelle Haftunterbrechung samt den dazu nötigen Stellungnahmen und Gutachten zentrale Themen des Denkens und Handelns. Weil die bereits gewährten oder die noch zu erwartenden Freiheiten weitgehend den Alltag bestimmen, werden im offenen Vollzug einerseits Belastungen - wie etwa Unterbringung in Sälen - als nötiges Übel ertragen, andererseits aber auch alle Mittel eingesetzt, einmal Erreichtes zu erhalten und neue Vollzugslockerungen zu ergattern. Die Anstalt wird kaum als Ort verstanden, an dem man leben kann und muß, sondern als Institution, die sich dem Leben draußen, wie man es erwartet, erhofft oder auch nur erträumt, mit Einschränkungen und Reglementierungen in den Weg stellt. Unverständnis, Konfrontationen und Mißtrauen sind an der Tagesordnung. In vielen Zusammenhängen ist besonders bei Insassen mit langen Strafen die Spannung zwischen Angst und Hoffnung zu spüren im Hinblick auf das draußen zu bewältigende Leben.

Gottesdienst im offenen Vollzug unterscheidet sich deutlich von dem in der Untersuchungshaft: man muß nicht zur Kirche gehen, um aus der Zelle zu kommen und andere Menschen zu sehen. Auch der familiäre Charakter des Gottesdienstes im geschlossenen Vollzug läßt sich kaum erreichen. Man geht, weil man zur Kirche oder zum Pastor will, aus eigenem Antrieb und in eigener Entscheidung. Oft spielt eine gewisse Tradition eine Rolle. Wer draußen ein Verhältnis zur Kirche hatte, läßt es hier nicht abreißen. Wer im geschlossenen Vollzug zum Pastor ging, tut es auch hier, und zwar mit den Erwartungen, die sich aber nicht erfüllen lassen: eine Kontinuität ist nur in geringem Umfang gegeben. Viele regelmäßige Teilnehmer haben nur wenige Monate, oder sie gehen in Freigang. Darüber hinaus sind sie manches Wochenende in Urlaub. Gerade zu den kirchlichen Festen ist plötzlich eine ganz andere Gemeinde im Gottesdienst.

Überraschungen in positiver wie auch in negativer Richtung gehören zu den Erfahrungen. Gottesdienste sind weitgehend solitäre Ereignisse. Nur selten gelingt es, an bereits Geschehenes anzuknüpfen oder eine Fortsetzung zu planen, ohne jeweils einen Teil der Gemeinde auszuschließen. Es bieten sich daher eher Gottesdienste an mit klar abgegrenzter Themenangabe, auch Gottesdienste in anderen Formen etwa unter Einbeziehung von audiovisuellen Medien.

Das Bedürfnis, sich nach draußen zu orientieren, kann auch im Gottesdienst aufgegriffen werden: Besuche verschiedener Gemeindekreise, Chöre und Gruppen sind denkbar. Auch Gottesdienste, zu denen Angehörige und Freunde von draußen eingeladen sind, haben sich bewährt.

Werner Wendeberg

"... zu predigen den Gefangenen, daß sie los sein sollen"

Von der Schwierigkeit, Notwendigkeit und Möglichkeit
eines befreienden Wortes in der Unfreiheit

"Und was sagen Sie sonntags den Leuten, die zu Ihnen in den Gottesdienst kommen?", so fragte mich jemand, den ich zufällig bei einer Kur kennengelernt hatte. Er hatte herausbekommen, daß ich Gefängnispfarrer bin, und konnte sich nicht recht vorstellen, daß Gefangene überhaupt etwas von einem Pfarrer erwarten. Nicht nach sozialen Aktivitäten fragte er mich, auch nicht nach Gruppenpädagogik oder Lebensberatung. Sondern er fragte mich nach der Tätigkeit, die für den Dienst eines Pfarrers kennzeichnend ist, nach Gottesdienst und Predigt. Er fragte mich nach dem, was ein Theologe doch schließlich gelernt hat. Und doch schwang in seiner Frage auch der Zweifel mit: Kann man denn einem Eingesperrten etwas Hilfreiches sagen?

Ob ich dieser Anfrage an mich in meiner Aufgabe als Gefängnispfarrer gerecht geworden bin, weiß ich nicht. Ich begann einfach zu erzählen. Von dem, was wir an dem letzten Sonntag, bevor ich zur Kur ging, zusammen im Gottesdienst gemacht haben. Jetzt, im zeitlichen Abstand, will ich versuchen, meine Gedanken und Erfahrungen zu ordnen und folgende Thesen zu begründen:
- Im Gefängnis predigen heißt: konkret, einfach, ehrlich zu sprechen.
- Unglückliche zu trösten und zu ermutigen, ist schwierig, aber nötig und möglich.
- Auch im Gefängnis ist Gemeinde eine "Gemeinschaft der Heiligen".
Dies möchte ich anhand der in der Homiletik üblichen Kategorien Prediger, Botschaft und Predigthörer darstellen.

Der Prediger

Die schwierigste Anforderung, im Gefängnis zu predigen, ist für mich eher ein sprachliches als ein inhaltliches Problem. Ich halte es für unabdingbar, konkret, einfach und anschaulich, vor allem aber auch ehrlich und persönlich echt zu sprechen. Ich möchte, daß das Evangelium als ermutigende Botschaft gerade auch von denen verstanden werden kann, die unter Versagen, Schuld, Unglück, Resignation oder Haß äußerlich gebeugt und innerlich leergebrannt sind.

Aber wie kann ich denen, deren bisheriges Lebenskonzept zerstört ist, die klagen über all die tausend Belastungen der Unfreiheit, wie kann ich ihnen etwas Befreiendes, Erlösendes, Hoffnungsvolles vermitteln? Ich sehe, daß das meiner Verfügungsgewalt entzogen ist, im Gefängnis ebenso wie in der Gemeinde draußen. Es gibt nicht den auf alle Situationen menschlichen Elends passenden biblischen Trost. Im Gegenteil, bei den alttestamentlichen Propheten und ihrer Auseinandersetzung mit den sogenannten Lügenpropheten ihrer Zeit sehe ich, daß nach biblischer Überzeugung Gott auf der Seite derer ist, die nicht über ihn und sein Wort verfügen. Die Rätsel menschlicher Existenz werden hier gerade nicht religiös verbrämt und dabei verharmlost, sondern ausgehalten. Auch dann noch, wenn das erlösende Wort von Gott nicht gefunden wird, wenn Gott ferne ist, wenn es heißt: "Ich schreie zu dir, aber du antwortest mir nicht." (Hiob 30, 20)

Auch als Pfarrer muß ich also nicht die verwickelten Lebensprobleme mit einem Bibelvers oder einem Liedvers auflösen. Ich erinnere mich, daß in Situationen, in denen es mir die Sprache verschlagen hat, wo Fragen ohne Antwort zur Anfechtung wurden, die besten gutgemeinten Worte nur ärgerlich stimmendes Geschwätz waren. Der aber, der meine menschliche Not ausgehalten hat, der wirkte letztlich befreiend. Mir fällt Paulo Freire ein, der Befreiung als einen "Prozeß der Vermenschlichung" beschreibt. Genauso ist das. Voraussetzung für jede Predigt ist die persönliche Ehrlichkeit und Glaubwürdigkeit des Predigers, gerade auch bei religiösen Aussagen. Welche Bedeutung hat eben jener Text für mich? Predigthörer haben ein Recht, das zu erfahren; andernfalls würde die Verlesung des Textes ausreichen. Und die communio von Predigern und Hörern sollte Kommunikation über die Erfahrung von Menschen mit dem Wort Gottes und der Antwort auf die Frage nach dem Sinn des Lebens ermöglichen. Bloße theologische Richtigkeiten, zeit- und raumunabhängige Lebensweisheiten zu predigen, wären Steine statt Brot.

Predigt und Gottesdienst werden also immer unverwechselbar Predigt und Gottesdienst dieses (und nicht jenes) Predigers sein. In einfachen Worten, auf dem Hintergrund meiner eigenen Überzeugung zu konkreten Erfahrungen und Fragen eben dieser Gottesdienstgemeinde Stellung zu beziehen, das möchte ich. Ähnlich wurde im alten Israel Geschichte tradiert und vergegenwärtigt. Ähnlich hat Jesus anschaulich und verständlich Beispielgeschichten erzählt. Und doch ist dieser bescheidene Anspruch, konkret, einfach und ehrlich zu sprechen, immer wieder nur schwer einzulösen.

Im Gefängnis zu predigen, ist für mich nicht eigentlich deshalb schwierig, weil Gott hier vielleicht besonders fern und die persönliche Anfechtung besonders groß wäre, sondern weil mir als Prediger das Leben meiner Hörer in vieler Hinsicht so fremd ist. Ich bin nicht unter schwierigen Sozialisationsbedingungen groß geworden; ich habe verbale Konfliktmechanismen gelernt und war nie dem "Faustrecht" ausgesetzt. Wie das ist, wenn einer nichts mehr zu verlieren hat, kenne ich nur vom Hörensagen. Die ganz persönlichen Empfindungen des Eingesperrten und damit Ausgeschlossenen sind mir letztlich unbekannt; auch die Demütigungen, denen der Strafentlassene ausgesetzt ist, sind mir fremd.

Natürlich muß ein Pfarrer nicht unbedingt selbst inhaftiert gewesen sein, wenn er überzeugend und befreiend im Gefängnis predigen will. Aber zu Solidarität und Sympathie gehört das Eingeständnis, daß diese Menschen weithin einer ihm fremden sozialen Schicht mit einer ihm unbekannten Sozialisation entstammen; daß diese Menschen sich von anderen nur dadurch unterscheiden, daß ihr Versagen öffentlich gemacht worden ist.

Daraus resultiert die Anforderung an den Prediger, religiöse Begriffe alltäglich verständlich zu übersetzen. Ich denke an Dietrich Bonhoeffer, die "nichtreligiöse Interpretation religiöser Begriffe".

Die Botschaft

Der Inhalt dessen, was im Gefängnis zu predigen ist, unterscheidet sich nicht von dem, was Christen überall zu verkündigen haben: das Evangelium als befreiendes Wort, das sich auf Jesus Christus berufen kann. In der Nachfolge Jesu ist es möglich und erlaubt, sich auf jene "Geistesgegenwart" zu verlassen, auf die sich Jesus schon beim Beginn seiner Predigttätigkeit in seiner Heimatstadt Nazareth mit dem Zitat aus Jes. 61,1-2 berufen hat:

Der Geist des Herrn ist bei mir,
darum, weil er mich gesalbt hat,
zu verkündigen das Evangelium den Armen;
er hat mich gesandt, zu predigen den Gefangenen,
daß sie los sein sollen,
und den Blinden, daß sie sehend werden,
und den Zerschlagenen, daß sie frei und ledig sein sollen,
zu verkündigen das Gnadenjahr des Herrn.   (Lk. 4,18f.)

Dazu also ist der Prediger beim Gefängnisgottesdienst beauftragt: gesandt, zu predigen den Gefangenen, daß sie los sein sollen. Nichts anderes ist sein Auftrag. Dieses Evangelium, das allen Menschen gilt, dem Gefangenen ebenso wie dem Pfarrer, dem Richter und den Mitarbeitern im Justizvollzug, ist das Angebot Gottes, uns frei zu machen von dem Gesetz des Versagens und der Vergänglichkeit, dem wir Menschen unterliegen. Entsprechend hat auch Karl Barth der Sammlung seiner Predigten, die er in den Jahren 1954 bis 1959 in der Strafanstalt Basel gehalten hat, den Titel gegeben: "Den Gefangenen Befreiung". Er hat sich immer wieder auf Paulus berufen und betont, daß alle Menschen auf die bedingungslose Annahme durch Gott angewiesen sind, "denn es ist hier kein Unterschied: sie sind allzumal Sünder und mangeln des Ruhmes, den sie bei Gott haben sollten" (Röm. 3,23). In noch so unterschiedlichen Lebenszusammenhängen ist dies die formal gemeinsame Ebene für alle Menschen, daß keiner in seiner Beziehung zu Gott seinem Mitmenschen etwas voraus hat.

Der Inhalt jener oft so schwierig zu vermittelnden und doch so notwendigen Botschaft bietet jedem Menschen an, frei zu werden von all den äußeren und inneren Zwängen. Und dies nicht gebunden an menschliche Leistungsfähigkeit oder Lebensgeschichte, sondern allein an Gott. Wenn Gott, wie Christen glauben, so barmherzig ist, sollte dies auch zu einem barmherzigen Umgang miteinander Anlaß geben. Denn sie alle - die, auf die "man" mit Fingern zeigt, ebenso wie jene, die mit Fingern zeigen - sind, nein: nicht mehr oder weniger, sondern "allzumal Sünder". Und weil ich dieses Wort wörtlich nehme, schließe ich keinen Menschen vom Gottesdienst aus. Wer kommen will, ist eingeladen, unabhängig von konfessioneller, religiöser, kultureller oder nationaler Prägung sich zum

Gottesdienst zu treffen und miteinander zu sprechen und zu hören, zu singen und zu beten, zu entdecken und zu erfahren diese hoffnungsvolle Botschaft: "Das geknickte Rohr wird er nicht zerbrechen und den glimmenden Docht wird er nicht auslöschen" (Jes. 42,3).

Es wird immer wieder schwierig sein, dieses Evangelium, daß Unfreie frei sein, Blinde sehen und Niedergeschlagene aufatmen können, denen zu sagen, die mitten drin sind in ihrem Unglück und seinen Folgen. (Ich spreche hier bewußt von Unglück und nicht von Verbrechen.) Unglückliche zu trösten und zu ermutigen, ist schwierig, andererseits sicher aber nötig und der biblischen Tradition angemessen. Dabei ist festzuhalten, daß Jesus nie einen Unterschied zwischen scheinbar unverschuldetem und offensichtlich selbst verschuldetem Leid gemacht hat. Ja, vielleicht könnte dies sogar ein erster Anfang sein, sich als Nachfolger dieses Jesus von vornherein erst gar nicht in jenen Teufelskreis von Klagen, Schuldzuweisungen und Verzweiflung zu begeben. Doch trotz allem theologisch angemessenen und psychologisch sinnvollen Ernstnehmen des Gefangenen bleibt es meinem Können entzogen, ob die Botschaft, die ich als Prediger zu sagen und zu interpretieren habe, auch ankommt und verstanden wird. Traditionell gesprochen ist dies allein der Wirkung des Heiligen Geistes überlassen, ob ein Mensch getröstet und ermutigt leben und auch sterben kann. Es wäre nicht wirklich Wort Gottes, was als Evangelium zu verkündigen ist, wenn es Menschen beherrschen könnten, glaubwürdig und befreiend zu wirken. Und doch geschieht dies, daß unsere unzulänglichen menschlichen Versuche, zu predigen den Gefangenen, daß sie los sein sollen, nicht vergeblich sind; sondern daß Menschen verstehen, was gemeint war, und empfinden, daß da, wo Gott zu uns kommt, auch Freude, Geborgenheit und Frieden erfahren werden können.

Dieses Wort Gottes bedarf keineswegs nur verbaler Vermittlung. Als wir einmal bei einem Gottesdienst im Gefängnis entsprechend 1. Petr. 5,7, "Alle eure Sorgen werft auf ihn!", unsere Sorgen auf einen Backstein geschrieben und diesen großen sorgenschweren Stein symbolhaft dann auf den Altar "weggeworfen" hatten, hatte ich selbst das Gefühl, von all den schweren Lasten frei zu sein, von eigener Unvollkommenheit und der Belastung durch schwierige Mitmenschen, von staatlichem Strafrechtsanspruch und bürokratischer Bevormundung. Da war es leicht, zusammen zu singen und zu lachen, da ging es lebendig zu, be-geistert, so wie das traditionell mit dem dritten Glaubensartikel beschrieben wird. Das macht deutlich, daß gottesdienstliches Geschehen mehr als die Predigt ist.

Der Predigthörer

Jeder Gottesdienst ist unverwechselbar Gottesdienst eben dieses Pfarrers und eben dieser Gemeinde. Die Verkündigung des Wortes Gottes setzt immer auch eine persönliche Übermittlung und Aufnahme voraus. Ohne Interaktion und Kommunikation zwischen Prediger und Predigthörer bleibt eine Predigt bestenfalls ein unverbindlicher Vortrag. In üblichen Gemeindegottesdiensten ist es kaum einmal der Fall, daß Gemeindeglieder Zustimmung oder Widerspruch, Engagement oder Langeweile laut werden lassen. Wie gerne hätte ich als Hörer schon manchmal den Prediger gefragt: Wie meinst du das, was du da sagst?

Ich empfinde die Predigthörer im Gefängnisgottesdienst ehrlicher, wenn es hier oft ganz spontan und lebendig zugeht. Da kommen Rückfragen, Beifall oder Kritik, auf die der Prediger antworten muß. Doch auch bei dieser unmittelbaren Art, Gottesdienst miteinander zu gestalten, könnten die vielfältigen Gnadengaben der Predigthörer, ihre Talente und Erfahrungen, vielleicht noch besser berücksichtigt und genutzt werden. Ich denke hier an die Begabung vieler zu zeichnen, zu musizieren, Gedichte zu schreiben, Geschichten zu erzählen und dergleichen. In einer Institution, in der die persönliche Freiheit fast total unterbunden ist, sollte es eine dem Evangelium angemessene Erwartung sein, wenigstens im Gottesdienst frei sein zu können und Gemeinschaft zu finden.

Wenn ich mit dem dritten Artikel des Glaubensbekennntnisses an die Wirkung des Heiligen Geistes glaube, ist für mich eine sich versammelnde Gemeinde die "Gemeinschaft der Heiligen", und sei der Ort oder der anwesende Mensch scheinbar noch so unheilig. Den Predigthörern im Gefängnisgottesdienst kommt da keine andere Qualität zu als einer Versammlung von Bischöfen. Jesus Christus ist nicht Erlöser allein für integre Persönlichkeiten, für gute Christen, für Kirchensteuerzahler, nicht allein für Weiße, für Erwachsene, oder irgendeine Gruppe von Menschen. Die christliche Proklamation der Freiheit aller Menschen von dem Gesetz der Sünde und des Todes gilt allen Menschen in gleicher Weise. Sie gilt selbst dann, wenn die Hörer dieser Botschaft darauf mit Ablehnung reagieren. Vordergründig mag das eine Störung des Gottesdienstes sein. Und doch ist es eine große Chance, einander ernst zu nehmen, miteinander aktiv Gottesdienst zu gestalten, und dabei zu beherzigen, daß Christus sagt: "Wer zu mir kommt, den werde ich nicht hinausstoßen" (Joh. 6,37). Mir ist es eine Anfechtung, in seinem Namen Gottesdienst zu feiern und doch hinnehmen zu müssen, daß hier und da unter Berufung auf das Strafvollzugsgesetz "aus überwiegenden Gründen der Sicherheit oder Ordnung" Gefangene, die am Gottesdienst teilnehmen möchten, ausgeschlossen werden. (Die Frage, ob Gefängnispfarrer - etwa mit Rücksicht auf andere Teilnehmer - von sich aus einen Gefangenen vom Gottesdienst ausschließen sollten, wurde in unserer Arbeitsgruppe kontrovers diskutiert.)

Predigthörer hören nicht immer das, was der Prediger gemeint hat. Ein Einwand eines Gefangenen zeigt mir besser als der schweigende Zuhörer, was bei ihm angekommen ist. Er hilft mir damit, angemessener zu erklären. Er läßt mich teilhaben an seiner Lebensgeschichte und davon bedingten Assoziationen. Ich denke, daß keineswegs nur im Gefängnis eine Fülle religiöser Begriffe und theologischer Aussagen deshalb so langweilig oder auch komisch ist, weil sie nicht eigener Sprache und eigener Erfahrung entstammt. Ebenso wie ich mit dem Börsenkommentar im englischen Fernsehprogramm nichts anzufangen weiß, ist vielen Predigthörern unverständlich, was der Pfarrer sagt. Das kann daran liegen, daß er nur seine eigenen Fragen beantwortet oder abstrakt-theologische Begriffe benutzt, oder seine Erfahrungen absolut setzt. Wenn ich von einem Predigthörer weiß, daß er als Kind von seinem alkoholkranken Vater täglich verprügelt wurde und von seiner Mutter vorgehalten bekam, er sei der unerfreuliche Grund für die unglückliche Ehe der Eltern und man hätte ihn damals besser abtreiben lassen sollen, was damals halt so schlecht möglich war, dann wird jener Hörer mit meiner Behauptung, Gott sei "Unser Vater im Himmel" zunächst unangenehme Empfindungen verbinden. Eher wird er auch diesen "Vater" ablehnen als spontan zu ihm Vertrauen zu haben.

Wenn ich von der "Gerechtigkeit Gottes" aus der Bibel vorlese und mich ein Gefangener unterbricht: "Wo gibt's schon Gerechtigkeit?", möchte ich mich nicht herausreden, sondern von dem erzählen, was Gott an Menschen tut. Dabei hilft mir die biblische Aufforderung, "wenn dich nun dein Sohn morgen fragen wird, so sollst du deinem Sohn sagen ..." (Dtn. 6,20f.), zu einem erzählenden Bezeugen, das der Fragende im Kontext seines Lebens verstehen kann. Das setzt Kontakt zwischen Prediger und Hörer voraus. Solange mir das Leben und Fragen der Predigthörer unbekannt ist, kann deren menschliche Not und auch ihre Hoffnung nicht zur Sprache kommen, nicht einmal "erhört" werden. Ich ahne: nur wer zuhören kann, hat auch etwas zu sagen; so wie nur der, dem Zweifel vertraut sind, auch glaubwürdig antworten wird. Predigthörer im Gefängnis haben dafür ein besonders gutes Gespür, ob sie für den Prediger unverwechselbare Personen und ernst zu nehmende Mitmenschen sind. Mancher Hörer erzählt oder schreibt auf, wie ihn das weiter beschäftigt hat, daß er sich verstanden gefühlt habe und er erleichtert sei. Ermutigung, nicht Ermahnung, ermöglicht das Freiwerden der Freigesprochenen. Die Predigt hat hier ihre Chance.

Konkretionen

Gottesdienste am Erntedankfest

Die nachfolgenden Entwürfe von Gottesdiensten zum Erntedankfest sind als Ergebnis eines Gesprächsverlaufes der Arbeitsgruppe zustande gekommen, der sich um die Frage bewegte, wie sich die Verschiedenheit von Gottesdienst in der Ortsgemeinde und Gottesdienst im Gefängnis konstituiert. Dabei bestand in der Gruppe Übereinstimmung, daß die Wahrnehmung des qualitativen Unterschiedes zwischen der Lebenssituation der Gefangenen und der von Menschen in Freiheit nicht dazu führen darf, bestimmte Anlässe oder bestimmte Themen, zu denen aus der christlichen Überlieferung heraus immer Wesentliches ausgesagt worden ist, im Gefängnis einfach auszuklammern. Der vordergründig leicht entstehende Eindruck, daß manches in diesem Rahmen nicht paßt, einfach "nicht geht", in diesem Kontext nicht aussagbar ist, könnte dazu verführen. Alle wesentlichen Inhalte christlichen Glaubens müssen jedoch grundsätzlich auch im Gefängnis aussagbar sein. Das Problem der Vermittlung darf nicht durch Verzicht auf bestimmte Inhalte umgangen statt gelöst werden.

Von diesen Überlegungen her kam es zu dem Entschluß, Gottesdienste zum Erntedanktag unter den unterschiedlichen Bedingungen der verschiedenen in der Gruppe repräsentierten Vollzugsformen zu entwerfen bzw. schon vorhandene Erfahrungen zu dokumentieren. Ein weiteres Anliegen dabei war es auch, konkret darzustellen, wie die individuellen Möglichkeiten und Erfahrungen des Pfarrers sich im Zusammenspiel mit der jeweils gegebenen Situation in der Gestaltung des Gottesdienstes ausprägen.

H.K.

Peter Rassow

Gottesdienst in der Justizvollzugsanstalt Celle

Ort und Situation

Die Gefangenen

In der JVA sind ca. 350 Gefangene mit langen Freiheitsstrafen untergebracht, fast jeder vierte ist zu einer lebenslangen Freiheitsstrafe verurteilt. Das zeichnet die Menschen, kennzeichnet die Anstalt und bestimmt Leben und Abläufe in der nach außen hin hochgesicherten und kontrollierten, nach innen in überschaubaren Einheiten relativ "bewegungsfreien" engen Welt der Ein-, Ab- und Ausgeschlossenen.

Langes Verweilen, geringe Fluktuation und ein nicht unerheblicher Anteil von "Rückkehrern" schaffen einen hohen Bekanntheitsgrad untereinander, einschließlich der Bediensteten und des Pastors. Man kennt sich, - vielleicht zu genau. Das Individuelle, Private ist bedroht durch unausweichliche Nähe und unauflösbare Verdichtung von menschlichem Leben.

Die Grundverfaßtheit der Gefangenen ist geprägt durch ihre unverwechselbare Eigenart, verstärkt durch stigmatisierende Verurteilung und destruktiven Freiheitsverlust. Früh erworbene Sozialisationsdefizite werden in Straftaten signalhaft deutlich, können aber im Sanktionssystem nicht erkannt, geschweige denn bearbeitet oder kompensiert werden: Knast infantilisiert Infantile.

Stichworte zur Grundverfaßtheit:
- fehlende Perspektive für Gegenwart und Zukunft; Illusionen ersetzen realistische Lebensplanung;
- Beziehungslosigkeit durch Abbruch ursprünglicher, normaler Bindungen, Ersatz in Knast-Freundschaften und minimierten Kontakten zu "Bezugspersonen";
- Frustrationen durch Fixierung auf Vergangenheit (Tat, Urteil) und Ablehnungen im Vollzugsalltag symbolhaft für Ablehnung durch die Allgemeinheit;
- Anpassung als Überlebenstechnik bei langer Haft wirkt selbst auf anfangs Aggressive zermürbend, abstumpfend, degenerierend, Veränderungen entsprechend bedrohlich und beängstigend;
- Ambivalenz zwischen "Knast: nein danke!" und "My prison is my castle"; Gefängnis als bewußt abgelehntes, aber unbewußt angenommenes Zuhause;
- Verhältnis zur Tat selten verbalisiert, aber insbesondere bei Lebenslänglichen traumatisch erlebt.
(Otto Schäfer, längjähriger Gefängnispfarrer, nennt als Stichworte zur Grundstimmung des Gefangenen das "Fernsein von Zuhause", das "Bestraftsein" und das "Auf-sich-selbst-angewiesen-sein".)

Die Gottesdienstgemeinde

Die Gemeinde, die sich an jedem Sonn- und Feiertag zur normalen Gottesdienstzeit um 10 Uhr versammelt, ist zahlenmäßig klein, aber relativ konstant. Die eingeräumte Bewegungsmöglichkeit innerhalb der Anstalt hat den Gottesdienst davon entlastet, (einziger) Ort der Kommunikation mit anderen Gefangenen zu sein. Der Zellenaufschluß am Sonntagvormittag schafft die Möglichkeit gegenseitigen Besuchs und Kaffeetrinkens ("Frühschoppen") in den "eigenen" vier Wänden: hier kann man mit Gleichgesinnten und sozusagen privatissime kommunizieren.

An gewöhnlichen Sonntagen kommen etwa 5% der Gefangenen (das sind 8% der evangelischen) zum Gottesdienst. Wenn Gäste, ein- bis zweimal im Monat, teilnehmen, steigt die Zahl durch "Sehleute" um das Doppelte und mehr: "Mal andere Gesichter sehen" ist ein im Gefängnis, wo man sich so gut wie nicht aus dem Wege gehen kann und Kontakte zu Menschen draußen verwaltete Mangelware sind, ein verständliches natürliches Verlangen. Überdurchschnittlich beteiligen sich Lebenslängliche (macht sie ihr "Faktum" aufgeschlossener?) und Ausländer (suchen sie Heimat in der Fremde?). Sicherungsverwahrte gehen nur in Ausnahmefällen zum Gottesdienst, selbst wenn sie vorher in Untersuchungs- und Strafhaft regelmäßige Gottesdienstbesucher waren (fühlt man sich, jetzt straflos, trotz fast unveränderter Haftbedingungen nun anders, vielleicht "besser"?).

Der größere Teil der Gottesdienstgemeinde kann als Kerngemeinde bezeichnet werden, auch wenn sie nicht identisch ist mit den ständigen Gruppenmitgliedern, die sich wöchentlich in den Bibelgruppen treffen, oder den Gefangenen, die sich wie Kletten an die Rockschöße des Pastors mit ihren Gesprächs- und anderen Wünschen hängen: Sonntag für Sonntag ist sie da. Die sporadisch auftauchenden Gefangenen sind meist "Neuzugänge", die den Gottesdienst nicht nur aus den Erzählungen der Alteingesessenen kennenlernen und beurteilen wollen, und vor allem und nicht zuletzt aktuell situativ "Mühselige und Beladene".

Es ist anzunehmen, daß die Gottesdienstbesucher mehr suchen als Kommunikation und Abwechslung. Der Eintönigkeit wird durch tägliche Sportmöglichkeit, Bildungs- und Freizeitveranstaltungen, eigenes Radio in der Zelle und Fernsehen auf jeder Station, umfangreiche Bibliothek und gut eingerichteten Werkraum entgegengewirkt, und es besteht - bis auf in besonders gesicherten Bereichen Untergebrachte - keine Isolierung. Was sie im Gottesdienst suchen und von ihm erwarten, wird individuell verschieden und vielfältig sein; oft sicher unbewußt spielt dabei wohl auch eine Rolle, was als Grundverfaßtheit genannt wurde.

Der Kirchenraum

Der Gottesdienstraum, die zentral gelegene Kirche, dient als größter Gemeinschaftsraum auch anderen größeren Veranstaltungen: Feiern, Versammlungen, Aufführungen, Ausstellungen u. a. und einmal im Monat, am "Tag des Herrn", auch dem Einkauf. Gefangene begrüßen, daß hier die

Kirche wirklich benutzt wird und nicht wie in manchen Kirchengemeinden bis auf eine Stunde in der Woche leersteht; andererseits stoßen sich nicht wenige daran, daß "mein Haus zu einer Mördergrube" gemacht wird.

Der Gottesdienst

Die alte hannoversche Gottesdienstliturgie wurde Anfang der siebziger Jahre durch eine neue Ordnung ersetzt, erarbeitet in monatelangen Bibelgruppensitzungen und mit den Gottesdienstteilnehmern. Im Grundaufbau einfach, erlaubt sie vielfache Variationen, so daß feste Form, Wiederholung und Wechsel gleichermaßen berücksichtigt sind. Die aktive Beteiligung von Gemeindegliedern (Gefangenen und evtl. Gästen) ist ein wichtiges Element.

Die Abendmahlsfeier (sechsmal im Jahr) hat ihren Ort nach dem Gemeindelied zur Predigt. Zur Austeilung bilden die Abendmahlsgäste einen Kreis um den Altar und geben sich gegenseitig Brot und Wein.

Bei einem Gottesdienst nur mit Gefangenen wird keine Aufsicht durch Bedienstete geführt, jedoch wenn größere Gruppen von draußen, insbesondere Frauen, teilnehmen. Das wird als selbstverständlich hingenommen und stößt nur dann auf Kritik, wenn sich der Bedienstete gesondert setzt und sich nicht wie alle anderen in die Gemeinde einreiht oder wenn er sich nicht gottesdienstgemäß verhält und zum Beispiel im Kirchenraum Anweisungen erteilt.

Gäste nehmen, auch wenn das von den Aufsicht führenden Bediensteten nicht gern gesehen wird, zwischen den Gefangenen Platz, wenn dies nicht aus sachlichen Gründen (Posaunenchor z. B.) ungünstig ist. Im Anschluß an den Gottesdienst findet meist ein viertelstündiger Stehkonvent mit den Gästen im Vorraum zur Kirche statt; der Gedankenaustausch ist hier deutlich ernsthafter und tiefgründiger als bei sonst arrangierten Begegnungen zwischen Gefangenen und freien Bürgern: Gottesdienst schafft eine Verbundenheit eigenen Charakters.

Nach dem Gottesdienst kann sich jeder mit Handschlag vom Pastor verabschieden oder auch mit ihm sprechen bzw. ein Gespräch verabreden.

Besonders hervorzuheben und Gästen wie Neuzugängen regelmäßig auffallend ist die große Ruhe und gespannte Aufmerksamkeit der Gottesdienst feiernden Gemeinde. Das innere Beteiligtsein am Gottesdienstgeschehen ist fast körperlich spürbar, gerade in einer Atmosphäre, in der man die berühmte Stecknadel zu Boden fallen hören kann. Gemeinsames Singen und Sprechen sind kräftig und natürlich. Spontane Äußerungen während der Liturgie oder Predigt wirken, weil sachbezogen, nicht provozierend. Das gesammelte, dichte Klima entbehrt nicht einer natürlichen Feierlichkeit, so daß Störungen nicht versucht werden. Der Ernst der Gottesdienst-Stunde steht jedoch nicht im Widerspruch zu einer lockeren Gesamthaltung; so können Pannen der Mitwirkenden oder Versprecher des Pastors mit herzhaftem, wohlmeinendem Gelächter quittiert werden.

Zum Gottesdienst wird der - bis auf die alte Orgel mit ihrem schönen Prospekt - kahle Raum durch bewegliches Mobiliar hergerichtet: je nach Schwerpunkt (Predigtgottesdienst, Bildmeditation, musikalische Feierstunde, Abendmahlsgottesdienst usw.) kann die An- und Zuordnung von Altar, Lesepult und Stühlen variabel sein.

Einst befand sich, vor dem Kirchenumbau, ein großes Altarbild im Blickfeld der Gottesdienstgemeinde: Jesus bewahrt den sinkenden Petrus, gemalt von einem Gefangenen nach Vorbildern aus der Gründerzeit. Ganze Generationen von Gefangenen haben sich in diesem Bild wiedergefunden und es zum Teil auch nach ihrer Entlassung nicht vergessen, wie sie in Briefen versichern. Heute übernimmt ein Bronze-Standkreuz die Rolle der Bildpredigt: "wir alle" kommen darauf vor - in den biblischen Gestalten der beiden Schächer, der Kriegsknechte, Marias und Johannes, Petrus und der Magd, Pilatus und des Hauptmanns. Schlichte Antependien an Altar und Lesepult, Blumen und ein großes sogenanntes Hungertuch aus Äthiopien als Wandbehang bringen etwas Farbe in den nüchternen Raum.

Erntedankfest-Gottesdienst

Traditionen

Traditionell liefert der zur Anstalt gehörende Landwirtschaftsbetrieb zum Erntedankfest-Gottesdienst Getreidegarben, Kartoffeln, Rüben, Kohl, anderes Gemüse und Obst und die Anstaltsbäckerei Brot. "Ehemalige" und eventuell teilnehmende Gäste und Gruppen bringen Blumen und Obst. Das alles wird neben dem Altar aufgebaut und nach dem Gottesdienst an die Gottesdienstbesucher und die im Lazarett liegenden Kranken verteilt oder der Küche zur Zubereitung gegeben.

Ebenso gehört es zur Tradition, am Erntedankfest das Abendmahl im Gottesdienst zu feiern, viel Musik zu machen und zu singen und möglichst einen Chor oder Posaunenchor einzuladen. Seit Jahren wirken an diesem Gottesdienst auch Entlassene mit; so übernimmt ein Ehemaliger, früher hier Küster, draußen jetzt Lektor, auch die Predigt.

Fragen

Die Beziehung der Gefangenen zu Ernte und Dank sind zumindest ambivalent, möglicherweise besetzt mit Aversionen und Agressionen.

Die wenigsten stammen aus der Landwirtschaft oder vom Dorf. Sie wissen von der Landwirtschaft so viel und so wenig wie Städter. Im übrigen sind die Urteile und Vorurteile in Bezug auf Fragen der Nahrungsmittel und ihrer Verteilung, von Hunger und Überfluß, geprägt von dem, was die Medien dazu bringen; insgesamt also keine andere Situation als die eines Durchschnittsbürgers.

Gefangene müssen sich jedoch nicht um das tägliche Brot mühen. Essen und Trinken wird ihnen pünktlichst an jedem Tag "serviert", selbst wenn sie die Arbeit verweigern oder unverschuldet arbeitslos sind; und zwar genauso viel oder wenig wie Rekordarbeitern. Was fehlt, ist die Auswahl. Was stört, ist die Eintönigkeit, die besonders bei Langstrafigen bis zu Ekelgefühlen gehen kann. Die Aufbesserung durch den Einkauf nimmt sich bescheiden aus. Nur die drei erlaubten Pakete im Jahr (Weihnachten, Ostern, Geburtstag) bescheren einen gewissen sonst nicht vorhandenen "Luxus" für wenige Tage. Trotzdem wird auch im Gefängnis viel weggeworfen. Brot und Aufschnitt fliegen, wenn nicht schmackhaft oder zu viel, kurzerhand aus dem vergitterten Fenster in den Hof.

Danken hängt nach allgemeiner Auffassung mit etwas Positivem zusammen: Glück, Gesundheit, Reichtum, Ansehen, Gewinn. Für Negatives zu danken, scheint unmöglich: Unglück, Krankheit, Verlust, Armut. Im Zeitalter des Machbaren und Verfügbaren ist der Dank durch die Selbstverständlichkeit verdrängt. In den Schichten, aus denen der Großteil der Gefangenen kommt, ist das Danken wohl nie heimisch gewesen. Bei den alten Ganoven früherer Zeit war das Wort "danke" im Knast verpönt. Das ist heute deutlich anders, aber es gibt vordergründig gesehen ja auch kaum etwas, wofür man im Gefängnis danken könnte. Hier setzt sich fort, daß sehr viele Gefangene "von Mutterleib und Kindesbeinen an" n i c h t "unzählig viel zugut und noch jetzund" erfahren haben, sondern vielmehr auf der Schattenseite des Lebens ihr Quartier haben.

Die Einladung zum Danken kann daher unter Umständen sehr mißverstanden werden als Appell, mit dem gegenwärtig Vorfindlichen zufrieden zu sein, weil der Käfig doch im Grunde aus Gold ist. Sie ist Anlaß, auf die Realitäten hier und in aller Welt mit Schärfe hinzuweisen und die Ungerechtigkeiten allerorten zu beklagen. So sehr der Pastor mit dieser Auflehnung und diesem Protest eins ist - er wird sie auch in einem Erntedankfest-Gottesdienst zur Sprache bringen oder sie zumindest nicht unterdrücken - ist doch die Frage, ob dies das Thema, ob das "alles" ist.

Wünsche

Was wünsche ich mir vom Erntedankfestgottesdienst - an diesem Ort, in dieser Gemeinde, als ihr Seelsorger? Zunächst nichts anderes als von jedem Gottesdienst: daß er mich und, die ihn mit mir feiern, frei macht; daß er Distanz schafft zu dem, was die letzten Tage an Bedrückung, Ohnmacht, Widersinnigem umschlossen haben; daß er das alles aus einer anderen Perspektive sehen und dadurch ertragen läßt; daß er Mut macht für heute und die Schritte in der nächsten Woche. Ein Stück Wegzehrung.

Das sind hohe Erwartungen. Aber auch wenn ich oft erfahre, daß mich der Gottesdienst leer (ent)läßt, bleibt die große Sehnsucht, und ich will mich auch nicht mit geringeren Wünschen abfinden. Dazu bietet der vergitterte Alltag auch gar keinen Anlaß. Aber ich erwarte nicht, daß jeder Gottesdienst von A bis Z solche Befreiung schafft. Mal kann ein Satz eines verlesenen Textes, mal ein Liedvers befreiende Dimension bekommen; aber es kann auch ganz anderes "Sprechendes" sein, das diesen Gottesdienst zu einem befreienden Wort an mich und, so hoffe ich, auch für andere macht.

Bei diesem allgemeinen Wunsch an jeden Gottesdienst hat der Erntedank-festgottesdienst geradezu exemplarischen Charakter. Sein Spezifikum liegt neben der diesen Wunsch aufnehmenden täglichen Bitte um das "Brot" in Form des befreienden Wortes als Lebenshilfe und -mittel in dem Dank, bis zu diesem Tag "behütet und getröstet wunderbar" zu sein (Bonhoeffer, im Gefängnis!). Danken für Durchhilfe macht die Hilfe erst vollkommen. So wünsche ich mir vom Erntedankfestgottesdienst ein fröhliches festliches Miteinander im gegenseitigen dankbaren Erinnern und Bestärken dessen, daß einer uns helfen kann, geholfen hat und helfen wird, wo und wann und wie er will.

Vergegenwärtigung

Die Gemeinde der Langstrafigen bedarf keiner hochintellektuellen Bemühungen des Predigers, pädagogischer Erklärungsversuche oder missionarischer Aufforderungen, dankbare geheilte Aussätzige zu werden, um für sich zu übersetzen und zu vergegenwärtigen, was Ernte, Dank, Fest, Gott, Dienst aussagt. Es geht um viel weniger, im Grunde viel mehr: um schlichtes Hin-hören, Auf-nehmen, Mit-singen, Nach-sprechen, was an diesem Tag in Worten, Bildern und Symbolen, Farben und Tönen "gesagt" ist, ein Einstimmen in das Wort, das wir uns nicht selber sagen können.

Vieles spricht dabei eine eigene Sprache, die - jedenfalls schon seit langem Inhaftierten - nicht nahegebracht werden muß, weil sie elementar erlebt wird und nah ist: leuchtende Farben der Herbstblumen, seltener Duft von frischem Obst und Gemüse, festlich schmetternde Posaunen, helle Frauenstimmen, Tuchfühlung mit "Freien", Wiedersehen mit Ehemaligen - und einer von denen, also einer von ihnen, predigt! Das alles wird aufmerksam registriert, mehr noch: unmittelbar und existentiell erlebt.

Die Sprache der für diesen Gottesdienst ausgewählten Texte, Lieder und Bilder soll den Charakter ähnlicher Unmittelbarkeit tragen. Nähe bedeutet dabei weder direkte Bezugnahme auf Gefangensein, Gefängnis, noch sprachliche Anpassung an den Jargon. Die Reduzierung von Lebensraum, Lebensmöglichkeit und Lebensinhalt führt auch das notwendig zu Sagende hin zu einfacher und ursprünglicher Schlichtheit und Dichte.

Gottesdienst am Erntedankfest

EINGANGSTEIL

Posaunen   Vorspiel

Pastor   Begrüßung - Gebet

Gemeinde   "Lobe den Herren, o meine Seele", EKG 198,1-3.8

VERKÜNDIGUNGSTEIL

Lektor (1)

Wenn wir sagen: Unser täglich Brot -
meinen wir alles, was wir brauchen, um in Frieden zu leben.
Brot ist Friede.
Essen können, statt zu hungern, ist Frieden.
Trinken können, statt zu dürsten,
warm haben, statt zu frieren, ist Frieden.
Schutz finden in einem Haus,
arbeiten können und seine Kraft einsetzen dürfen,
das alles ist Friede, ist tägliches Brot.
Einen Menschen haben, mit dem man vertraut ist,
sich nicht ängsten müssen vor der Einsamkeit,
vor Streit und Haß und vor der Hölle des Krieges.
Sich nicht ängsten müssen um Kinder, Eltern oder Freunde,
sie nicht hergeben müssen an die Maschine des Mordens:
das alles ist das Brot, das wir täglich brauchen
und für das wir danken.
Unser tägliches Brot, von dem wir leben,
ist auch das Wort eines Menschen.
Wir können nicht leben,
wenn nicht das Wort zu uns kommt,
das ein anderer zu uns spricht.
Vertrauen muß darin liegen,
Weisung muß es geben, Klarheit und Freundlichkeit.
Auch das Wort ist Brot.
Unendlich viele Menschen hungern nach dem täglichen Wort.

(nach Zink, Beten, S. 244)

Gemeinde

Bildbetrachtung (Gespräch):
"Friede auf Erden für die, welche satt sind"

(Bild in Johannes Kuhn: Wohin sollen wir gehen?
Wuppertal, 1972, S. 61)

Lektor (2)

Jesus sagt: "Das Leben eines Menschen hängt nicht von
seinem Besitz ab, auch wenn dieser noch so groß ist." Und er
erzählt dazu eine Geschichte: "Ein reicher Bauer hatte eine
besonders gute Ernte gehabt. 'Was soll ich nur tun?' überlegte
er. 'Ich weiß nicht, wo ich das alles unterbringen soll! Ich
hab's', sagte er, 'ich reiße meine Scheunen ab und baue

größere! Dann kann ich das ganze Getreide und alle meine Vorräte dort unterbringen und kann zu mir selbst sagen: Gut gemacht! Jetzt bist du auf viele Jahre versorgt! Iß und trink nach Herzenslust und genieße das Leben!' Aber Gott sagte zu ihm: 'Du Narr, noch in dieser Nacht mußt du sterben! Wem gehört dann dein Besitz?'" Und Jesus schließt: "So geht es allen, die Reichtümer sammeln, aber in den Augen Gottes nicht reich sind."

(Lk. 12,15b-21, nach: Die Gute Nachricht)

Gemeinde	"Herr, für dein Wort sei hochgepreist", EKG 145,1.2.6
Gast	Predigt
Gemeinde	Kanon "Lobet und preiset, ihr Völker, den Herrn"
Lektor (3)	Einer ist unser Leben,

Licht auf unseren Wegen,
Hoffnung, die aus dem Tod erstand,
die uns befreit.

Viele hungern, die andern sind satt
in dieser Welt,
einer teilte schon einmal das Brot,
und es reichte für alle.

Viele werden verkannt und verlacht,
diskriminiert,
einer nahm sich der Wehrlosen an
und erbarmt' sich der Armen.

Viele kennen nur Waffen und Krieg,
Haß und Gewalt,
einer lehrt' uns, dem Feind zu verzeihn
und die Menschen zu lieben.

Viele Menschen sind blind oder stumm,
du etwa nicht?
einer machte die Kranken gesund,
einer heilte sie alle.

Viele zweifeln und glauben nicht mehr,
viele von uns,
einer ging wie ein Licht vor uns her
in den Tod und das Leben.

Einer ist unser Leben,
Licht auf unseren Wegen,
Hoffnung, die aus dem Tod erstand,
die uns befreit.

(Zenetti, Sieben Farben, S. 258)

Gemeinde   Wiederholung des Kanons "Lobet und preiset ..."

ABENDMAHLSTEIL

Pastor und Gemeinde	Einer:	Das eine Brot wächst auf vielen Halmen, aus vielen Trauben wächst der Wein. Aus vielen Menschen entsteht Gemeinde, da lebt und stirbt man nicht allein.
	Alle:	Seht, unser Gott lädt alle ein, keiner soll verloren sein! Seht, unser Gott lädt alle ein, keiner soll verloren sein!
	Einer:	Das eine Brot wächst auf vielen Halmen, aus vielen Trauben wird der Wein. Aus vielen Menschen entsteht Gemeinde, da lebt und stirbt man nicht allein.
	Alle:	Stimmt in das Lied der Hoffnung ein, keiner soll verloren sein! Stimmt in das Lied der Hoffnung ein, keiner soll verloren sein!

(Zenetti, Sieben Farben, S. 266)

Pastor

Das Abendmahl ist eine Feier des Friedens.
Die gemeinsame Mahlzeit schließt Freunde
und selbst Feinde zusammen.

So speiste Jesus mit allen,
die ihn brauchten, auch mit Sündern und Gottlosen.
Er saß mit seinen Freunden zu Tisch
am Abend, ehe er starb,
und reichte ihnen Brot und Wein,
zum Zeichen, daß nichts sie mehr trennt
und zwischen Gott und ihnen Frieden herrscht.

Durch sein Sterben bekräftigte er,
was das Mahl bedeutet hatte.
Darum erinnern wir einander an seinen Tod
und verbinden uns mit ihm und miteinander.
Wir nehmen und geben Brot und Wein,
sind gewiß, daß Jesus gegenwärtig ist,
überwinden, was zwischen uns steht,
und freuen uns, daß wir Frieden haben
mit Gott und den Menschen.

"In der Nacht, da er verraten ward,
nahm Jesus, der Herr, das Brot,
dankte und brach's und sprach:
Nehmet, esset, das ist mein Leib,
der für euch gegeben wird.
Das tut zu meinem Gedächtnis.

Ebenso nahm er auch den Kelch
nach dem Mahl und sprach:
Dieser Kelch ist das neue Testament in meinem Blut.
Das tut, so oft ihr's trinkt,
zu meinem Gedächtnis."

(Zink, Glauben, S. 22f.)

Gemeinde "Christe, du Lamm Gottes", EKG 136

Pastor (bei der Austeilung)

Wir nehmen und geben
das Brot:
Jesu Leib,
für dich und mich gegeben.

Ein Stück Brot
in meiner Hand
mir gegeben,
daß ich lebe,
daß ich liebe,
daß ich Speise bin
für die andern

Wir nehmen und geben
den Wein:
das neue Testament in Jesu Blut,
für dich und mich vergossen.

Ein Schluck Wein
in meinem Mund
mir gegeben,
daß ich lebe,
daß ich liebe,
daß ich Trank bin
für die andern

(Zenetti, Zuversicht, S. 278)

Gemeinde "Nun danket alle Gott", EKG 228,2-3

SENDUNGSTEIL

Pastor Mitteilungen

Lektor (4) Unser tägliches Brot, lieber Vater im Himmel,
gib uns, damit wir nicht hungern.
Du selbst hast uns geboten, so zu bitten.
Gib uns das Brot. Gib uns den Frieden.
Gib Brot und Frieden allen Menschen.
Auch das Wort ist Brot.

Vater im Himmel,
wir leben von deinem Wort.
Wenn du sagst: "Ich will dich nicht verlassen",
dann gibt es Frieden für uns.
Dieses tägliche gute Wort, Vater im Himmel,
gib uns heute!

Du hast uns allen das Brot und das Wort gegeben.
Mach uns nun zum Brot für die Hungernden in der Welt:
für die, die in der Ferne nach Brot hungern,
und die, die in der Nähe unser Wort brauchen.

(nach Zink, Beten, S. 245)

Gemeinde	Vaterunser
Pastor	Gott ist alles in allem:

wenn du hungerst, ist er dir Brot,
wenn du dürstest, ist er dir Wasser,
wenn du in Finsternis bist,
ist er dir Licht.

(Augustin)

Der Herr segne und behüte dich.
Der Herr lasse sein Angesicht leuchten über dir
und sei dir gnädig.
Der Herr erhebe sein Angesicht über dich
und gebe dir Frieden.

Gemeinde	Amen
Posaunen und Orgel	Nachspiel

Werner Wendeberg

Gottesdienst in der Justizvollzugsanstalt Darmstadt

Vorüberlegungen und Vorbereitungen

Auch in diesem Jahr (1982) möchte ich in dem Gottesdienst mit Untersuchungsgefangenen und in dem anschließenden Gottesdienst mit Verurteilten am Vormittag des ersten Oktobersonntags Erntedankfest feiern.

Zeitung, Radio und Fernsehen bringen Berichte zu diesem Tag. Aber eine unmittelbare Erfahrung von Erntedank ist den hier in der JVA Darmstadt Inhaftierten ebenso fremd wie den Mitgliedern einer Stadtgemeinde; nicht einmal in einem kleinen Garten hat man hier geerntet. Und selbst das in diesem Jahr so reichlich vorhandene Obst kann nur alle zwei Wochen beim Einkauf erworben werden; aber dafür muß man Geld haben, und die Möglichkeit, Geld zu verdienen, ist - besonders für Untersuchungsgefangene - sehr gering, so daß die meisten Gefangenen ohne eigenes Bemühen um Essen und Trinken von der Anstaltsverpflegung leben und diese allein auf der Zelle einnehmen.

Nur die verurteilten Gefangenen, die in der Druckerei oder in Werkbetrieben arbeiten, essen mittags gemeinsam in der Kantine. Schätzungsweise 160 Gefangene essen hier einmal am Tag gemeinsam; die etwa 200 Untersuchungsgefangenen und 200 Strafgefangenen, die entweder ohne Arbeit sind oder auf der Zelle arbeiten, empfinden häufig die Mahlzeiten lediglich als Nahrungsaufnahme. Es ist eben doch ganz etwas anderes, wenn man sich sein Essen machen kann, wenn man mit Menschen, die man mag, Essen genießen kann, wenn man bestellen kann, worauf man Lust hat.

Erster Gedanke zum Erntedankfest-Gottesdienst ist bei mir: es soll festlich sein, viele Kerzen auf dem Altar, französisches Weißbrot, Trauben, Weißwein. Gemeinsames Essen und Trinken soll im Mittelpunkt stehen. Fröhliche Lieder und Musik von Kassetten über die Verstärkeranlage (ein Organist fehlt hier noch immer). Auch miteinander sprechen gehört dazu.

Als nächstes fällt mir ein: Brot. Ich finde einen Text von Jörg Zink (aus:Wie wir beten können) im Septemberheft (Nr. 85) der Kindernothilfe Duisburg. Ich werde ihn vollständig lesen, auch den dort nicht abgedruckten Gedanken, daß auch das Wort von Menschen "Brot" ist. Mir geht die Vieldeutigkeit des Begriffes "Lebensmittel" auf. Dabei fällt mir die Geschichte "Hunger" wieder ein, die mir ein Kollege einmal aus der Zeitschrift "Der Prediger und Katechet" ohne nähere Angaben der Quelle kopiert hat. Mich fasziniert an dieser Geschichte, wie auch Worte zum Lebens-Mittel werden. Im umfassenden Sinn: Lebens-Mittel-Dank-Fest.

Während ich noch Schallplatten und Kassetten nach geeigneten Liedern durchsehe ("Lieder zum Abendmahl" von ku-praxis, "Exodus" vom Kirchentag 1979 Nürnberg, "Wir haben einen Traum" von P. Janssens u.a.) und mir auch überlege, welche Danklieder aus dem Gesangbuch ich selbst gern habe, kommt mir die Melodie von "Du meine Seele singe" (EKG 197) in den Sinn. Zum ersten Mal vergleiche ich diesen Liedtext mit dem Psalm 146, nach dem er geschrieben wurde, und bekomme Lust, diesen Text als Predigttext zu nehmen (nach Gute Nachricht, in Vers 5 "unser Gott" statt "der Gott Jakobs", entsprechend Vers 2 "meinem Gott"). Mir gefällt vor allem, daß er ermutigend ist, nachdem ich vor diesem Fest wieder so viele Bußtagsgedanken zu einem Fest, das Dankfest sein soll, gelesen und mich darüber auch geärgert habe.

Sicher - ich kann auch nicht oberflächlich an den Problemen dieses Tages, nicht an der ungerechten Verteilung der Güter der Erde und der Plünderung der Erde und der Perspektivelosigkeit des Habenden, den man den reichen Kornbauer nennt, vorbeigehen; aber es ist diesmal nicht mein Thema. Ich überlege, ob einer, der - so wie die Männer in unseren Häusern - vieles verloren hat, auch noch daran denken kann. Ja, der Hans im Glück konnte das; und warum soll der Beter von Psalm 146 nicht auch ein solcher Hans im Glück gewesen sein? Ich möchte also bei diesem Festgottesdienst meine Hoffnung gestalten und wachsen lassen, daß wir Lebens-Mittel noch in Notzeiten dankbar entdecken können.

Nachbemerkungen

An dem Gottesdienst für Untersuchungsgefangene nehmen etwa 90 Männer (ohne Überwachung durch Beamte) teil. Viele sind Ausländer. Die Anfangsphase, gegenseitige Begrüßung von Gefangenen aus verschiedenen Häusern vor dem Kirchenraum dauert etwa zehn Minuten. Die Stationsbeamten haben dafür Sorge getragen, daß keine Mittäter zusammen kommen, so daß es keine Probleme mit der Justiz gibt. Die Kirche ist an diesem trüben Sonntagmorgen recht dunkel, doch von zwei Kerzen auf dem Altar und sieben Kerzen auf einem Leuchter hinter dem Altar festlich beleuchtet. Stangenweißbrot, Kelch, Wein, kleine Weingläser, großer Teller mit Trauben, Kruzifix, dahinter ein Poster mit zwei Händen, die miteinander Brot teilen, und eine Abendmahlsdarstellung, die ein Gefangener gezeichnet hat.

Die Gottesdienstteilnehmer sind ruhiger als sonst zu Beginn des Gottesdienstes, was an der stimmungsvollen Atmosphäre liegen mag. Bei der Erzählung "Hunger" zu Beginn ist die Aufmerksamkeit so groß, daß auch die anschließende kurze Besinnung und der Text von Jörg Zink noch "ankommen". Während der Predigt ist es bei dem Märchen vom Hans im Glück wieder sehr still; bei den eingespielten Liedversen ist das vielen eine willkommene Pause zu leisem Gespräch mit dem Nachbarn.

An der Abendmahlsfeier nehmen etwa 60 bis 70 Männer in zwei Gruppen nacheinander teil, stehen im großen Kreis um den Altar, reichen Brot dem Nachbarn weiter, teilen miteinander die Weintrauben. Ein Gefangener gießt Wein in die kleinen Süßweinkelche, einfache Probiergläser in

Römerform, je eine Literflasche auf etwa 15 Gläschen. Genüßlich nimmt sich ein Italiener noch ein zweites Glas und meint genießerisch: "Das hab ich schon zwei Jahre nicht mehr gehabt."

Die Atmosphäre empfinde ich als gelöst, ernsthaft und doch heiter. Die Unterhaltung in den Bänken stört mich dabei nicht. Ich höre eher die leise Instrumentalmusik über "Du meine Seele singe" und sehe sehr bewußt die, die mit mir essen und trinken, bewußter als bei der Ansprache. Diese Gemeinsamkeit ist für mich Höhepunkt im Gottesdienst.

Der Gesang ist insgesamt recht dürftig und den vielen Türken vor allem wohl auch recht fremd. Doch eine ganze Reihe von Gottesdienstbesuchern bewegen sich zur Musik ganz für sich in rhytmischen Bewegungen. Erst bei dem letzten Lied ("Komm, Herr segne uns"), das regelmäßig zum Schluß gesungen wird, ist der Gesang kräftiger.

An dem anschließenden Gottesdienst für Strafgefangene nehmen etwa 40 junge Männer, mehr als sonst, teil. Meine Frage, ob sich herum gesprochen habe, daß es heute Wein gäbe, wird mit einem lauten Lachen beantwortet. Auch hier ist die Aufmerksamkeit bei der Erzählung besonders groß. Von einem Mann, der diese emotionale Spannung nur schwer ertragen kann, höre ich ein leises "Friede, Freude, Eierkuchen", als ich fertig bin mit der Geschichte. Fast privat, jedenfalls nicht zurechtweisend, antworte ich ihm: "Auf mich wirkt diese Erzählung anders. Für mich ist das wie ein Wunder, daß die beiden sich doch noch verstehen können."

Der Gottesdienstablauf ist ähnlich wie beim ersten Gottesdienst. Am Anfang lese ich ein Herbstgedicht eines anwesenden Gefangenen; auch der Zeichner eines hinter dem Altar aufgehängten Bildes vom letzten Abendmahl Jesu ist anwesend. Beide spreche ich direkt an und bedanke mich.

Ein Gespräch mit den Gottesdienstteilnehmern zu führen, traue ich mich heute nicht, weil die Gruppe mir zu groß zu sein scheint und die Anwesenden weit auseinander sitzen. Eine Reihe von Gefangenen, die bisher noch kaum da waren, will ganz hinten sitzen bleiben; dieses Auf-Distanz-bleiben-Wollen habe ich respektiert.

Als Rückmeldung finde ich am nächsten Tag den Brief eines Untersuchungsgefangenen, mit dem ich regelmäßig Kontakt habe und der große Angst vor dem bevorstehenden Prozeß hat. Er schrieb mir unmittelbar nach dem Gottesdienst: "Ich habe heute wieder Trost und Hoffnung erfahren. Ich danke für den Gottesdienst, und ich danke für Ihre persönlichen Worte, die Sie vor dem Gottesdienst an mich gerichtet haben. Ich spüre in mir Gottes Kraft, von der andere wieder profitieren werden, wenn ich diese Zeit durchgestanden haben werde. Ich schätze auch sehr Ihre Nähe und Zuwendung, weil ich hier sehr isoliert lebe wegen meines Deliktes. Das Wort ist Brot und Schutz vor der Maschine des Mordens. Ja, wie wahr! Meine zerrüttete Seele zehrt vom Wort. Solche Zeilen tun mir gut und machen mich dankbar, und wie beim Ernten denke ich so wie Matthias Claudius: "Es geht durch unsre Hände, kommt aber her von Gott."

Gottesdienst am Erntedankfest

Begrüßung

Erste Gefühle bei Worten wie "hoffen", "ernten", "danken" ...
Wir wollen in diesem Gottesdienst nachdenken, singen und feiern im Namen des Vaters, des Sohnes und des Heiligen Geistes. Amen.

Lied

Brich mit den Hungrigen dein Brot,
sprich mit den Sprachlosen ein Wort,
sing mit den Traurigen ein Lied,
teil mit den Einsamen dein Haus.

Such mit den Fertigen ein Ziel,
brich mit den Hungrigen dein Brot,
sprich mit den Sprachlosen ein Wort,
sing mit den Traurigen ein Lied.

Teil mit den Einsamen dein Haus,
such mit den Fertigen ein Ziel,
brich mit den Hungrigen dein Brot,
sprich mit den Sprachlosen ein Wort.

Sing mit den Traurigen ein Lied,
teil mit den Einsamen dein Haus,
such mit den Fertigen ein Ziel,
brich mit den Hungrigen dein Brot.

Sprich mit den Sprachlosen ein Wort
sing mit den Traurigen ein Lied,
teil mit den Einsamen dein Haus,
such mit den Fertigen ein Ziel.

(Friedrich Karl Barth / Peter Janssens)

Erzählung   Hunger

Die Liebe zwischen einem Mann und einer Frau ist längst an den toten Punkt gekommen. Seitdem er nichts mehr verdient und sie nichts mehr zu essen hat, ist es ganz aus. Leer und hungrig sind sie. Ewig hungrig sitzen sie sich, wenn er abends heimkommt, gegenüber.
Und er sagt: "Gib Brot!" und sie: "Gib Geld!"
Sie denkt: "Wenn er doch endlich ginge." Aber er geht nicht. Er geht auch an diesem Abend nicht, als sie ihn anschreit, daß er nichts tauge.
Er geht in die Küche, und sie meint, er esse das letzte Stück Brot.
Als sie in die Küche kommt und triumphierend sagt: "Hat's geschmeckt", liegt das Brot noch da und ist schön hergerichtet.
Das ist für sie so gewaltsam und plötzlich so wie ein Blitz am Nachthimmel, daß sie weint und sich fragt: "Warum weint man, wenn man in einer großen Finsternis plötzlich Licht sieht?"

"Komm, du mußt etwas essen", sagt er.
"Ich habe keinen Hunger mehr; ich werde nie mehr Hunger haben", erwidert sie und schiebt ihm die Schnitte hin.
Sie sehen sich an und stehen sich eine Weile regungslos gegenüber. Sie starren sich in die Gesichter, wie Schiffbrüchige nach ihrer Rettung in die Sonne starren.
Und sie beginnen sich zu verstehen.
Sie sieht dann, wie er das Brot bricht.
Sie sieht, wie er die halbe Schnitte in den Mund schiebt.
Sie nimmt die andere Hälfte und lächelt wieder.

Besinnung	Was lebensnotwendig ist ... "Lebensmittel", die wir brauchen ...
Text	Unser tägliches Brot (vgl. Seite 64)
Lied	Wir ziehen aus aus der Brotlosigkeit in das Land, wo Milch und Honig fließt. Wir ziehen aus aus der Hoffnungslosigkeit, komm steh auf, wir ziehen aus.
	Wir ziehen aus aus der Mutlosigkeit in das Land, wo Licht und Sonne scheint. Wir ziehen aus aus der Hoffnungslosigkeit, komm steh auf, wir ziehen aus.
	Wir ziehen aus aus der Trostlosigkeit in das Land, wo neues Leben wächst. Wir ziehen aus aus der Hoffnungslosigkeit, komm steh auf, wir ziehen aus.
	(Eckart Bücken / Oskar Gottlieb Blarr)
Text	Das eine Brot wächst auf vielen Halmen (im Wechsel; vgl. Seite 66)
Lied	Komm, sag es allen weiter, ruf es in jedes Haus hinein! Komm, sag es allen weiter: Gott selber lädt uns ein.
	Sein Haus hat offne Türen. Er ruft uns in Geduld, will alle zu sich führen, auch die mit Not und Schuld. Komm, sag es ...
	Wir haben sein Versprechen: er nimmt sich für uns Zeit, wird selbst das Brot uns brechen. Komm, alles ist bereit. Komm, sag es ...

Zu jedem will er kommen,
der Herr, in Brot und Wein.
Und wer ihn aufgenommen,
wird selber Bote sein.
Komm, sag es ...

Herr, deinen Ruf verachten,
das wäre unser Tod.
Drum hilf, daß wir beachten
dein großes Angebot.
Komm, sag es ...

(Friedrich Walz)

Lesung   Ps. 146,1-9 (nach: Die Gute Nachricht)

Halleluja! Preist den Herrn!
Ich will den Herrn rühmen!
Ich will ihn loben mein Leben lang,
solange ich atme, will ich meinem Gott singen.
Verlaßt euch nicht auf die Reichen und Mächtigen!
Sie sind auch nur Menschen
und können euch nicht helfen.
Sie müssen sterben und zu Staub zerfallen,
und mit ihnen vergehen auch ihre Pläne.
Aber gut hat es jeder, dem unser Gott hilft.
Glücklich, wer seine Hoffnung auf den Herrn setzt,
auf seinen Gott, der Himmel und Erde geschaffen hat,
das Meer und was darin lebt.
Denn der Herr ist treu und bleibt treu.
Den Unterdrückten verschafft er Recht,
den Hungernden gibt er zu essen.
Der Herr befreit die Gefangenen
und macht die Blinden sehend.
Er richtet die Verzweifelten auf.
Er beschützt alle, die in fremden Land wohnen,
und sorgt für die Witwen und Waisen.
Der Herr liebt alle, die zu ihm halten;
aber die Pläne der Bösen vereitelt er.

Predigt

Der Mann, der mit diesem Lied des Gottvertrauens dankt, scheint wirklich
glücklich zu sein. Er hat es offenbar besser als die meisten hier unter uns.
Andererseits frage ich mich: Muß man wirklich erst gesund, frei,
erfolgreich, wohlhabend sein, um froh und glücklich sein zu können? Oder
kann man vielleicht sogar selbst dann noch froh und dankbar sein, auch
wenn man vieles verloren hat?

Mir fällt da die Geschichte von dem Hans ein, den man den Hans im Glück nennt. Sicher kennen Sie noch die Geschichte aus Kindertagen; aber ich habe eigentlich erst als Erwachsener diese Geschichte verstanden. Ich will sie Ihnen kurz nacherzählen. (Wörtliche Zitate aus: Dietrich Steinwede (Hrsg.): Das Hemd des Glücklichen, S. 25 ff.)

Hans hat nach sieben Knechts-Jahren als Lohn einen großen Klumpen Gold bekommen. Jetzt ist er reich. Endlich kann er sich wieder auf den Weg in seine Heimat machen. Unterwegs hat er ganz schön an seinem Reichtum zu schleppen. Der Goldklumpen drückt ihm auf die Schulter. Er ist froh, als er das Gold gegen ein Pferd eintauschen kann. Und in der Geschichte heißt es: "Hans war seelenfroh, als er auf dem Pferde saß und so frank und frei dahinritt."

Nicht lange, da wirft ihn das Pferd ab. Hans ist froh, als er das Pferd gegen eine Kuh eintauschen kann, und sagt zu sich selbst erleichtert: "Herz, was verlangst du mehr?" Und er freut sich, daß er nun nicht mehr durstig sein muß. Doch als er sich daranmacht, die Kuh zu melken, gibt diese ihm statt der Milch einen Tritt. Da ist er glücklich, daß er dieses Rindvieh gegen ein Schwein eintauschen kann, und er freut sich schon auf die Würste.

Als Hans hört, daß die Leute im nächsten Ort ein geklautes Schwein suchen, bekommt er Angst, daß man ihn dort für einen Dieb halten wird. Zum Glück kann er noch rechtzeitig das Schwein gegen eine Gans eintauschen. So mit der Gans unter dem Arm kommt er mit einem lustig singenden Scherenschleifer ins Gespräch. Beide erzählen sich, was sie froh macht, und Hans entdeckt, was ihm fehlt: Gegen einen Wetzstein zum Schleifen und einen schweren Feldstein, die Nägel gerade zu klopfen, gibt er dem Scherenschleifer gern seine Gans ab. Nun nennt er sich selbst den "glücklichsten Menschen auf Erden". Denn wenn er Geld braucht, dann kann er sich nun leicht mit Scherenschleifen verdienen, was er braucht. Und seine Augen leuchten vor Freude, als er weitergeht.

Doch wie einst der Goldklumpen so drückt ihn nun die Last der Steine. Hans ist müde und erschöpft. Endlich erreicht er einen Feldbrunnen. Vorsichtig legt er die Steine an den Rand des Brunnens, bückt sich, aus dem Brunnen zu trinken und sich zu laben - aber da ist es schon passiert: er stößt aus Versehen an die Steine, und die plumpsen in den Brunnen. Sieben Jahre Arbeit. Was bleibt ihm von seinem Lohn?

Diese Geschichte endet anders, als man denkt: "Hans, als er die Steine mit seinen Augen in die Tiefe hatte versinken sehen, sprang vor Freude auf, kniete dann nieder und dankte Gott mit Tränen in den Augen, daß er ihm auch diese Gnade noch erwiesen und ihn auf eine so gute Art ... von den schweren Steinen befreit hätte ... 'So glücklich wie ich', rief er aus, 'gibt es keinen Menschen unter der Sonne.' Mit leichtem Herzen und frei von aller Last sprang er nun fort, bis er daheim bei seiner Mutter war."

Dieser Hans beherrscht so wie jener Mann, der den 146. Psalm gebetet und gesungen hat, eine Kunst, von der wir alle, Sie und ich, nicht mehr viel wissen. Wir meinen immer wieder, wir wären dann glücklich, wenn dieser oder jener Wunsch in Erfüllung gegangen sei; und haben wir's dann endlich erreicht, dann merken wir, daß uns nun immer noch etwas fehlt. So übersehen wir, was wir haben, weil wir nur das im Auge haben, was wir vermissen, und bleiben unglücklich und unzufrieden. Doch mir geht auf, daß der froh und glücklich sein kann, der sich frei von der Last weiß, und daß nicht der allein dankbar und zufrieden ist, der alles hat. Hans klagt nicht: "Jetzt habe ich alles verloren, sieben Jahre umsonst geschuftet!" Sondern er dankt Gott, daß er ihn von einer schweren Last befreit hat. Sein Besitz ist das, was er selbst ist.

Ich kann mir vorstellen, daß jener Psalmdichter das auch entdeckt hat. Auch er will seinem Gott singen, solange er atmet, und zählt doch auch nicht zu denen, die viel oder alles haben. Vor gut 300 Jahren hat Paul Gerhardt nach diesem Psalm 146 ein Lied gedichtet, dessen ersten Vers ich Ihnen vorlesen und dann in einer Aufnahme der Gächinger Kantorei vorspielen will: "Du meine Seele, singe, wohlauf und singe schön dem, welchem alle Dinge zu Dienst und Willen stehn. Ich will den Herren droben hier preisen auf der Erd, ich will ihn herzlich loben, solang ich leben werd."

(Musik: EKG 197,1)

Dieser Vers bringt in mir Saiten und Empfindungen zum Klingen. Ich spüre, daß es nicht nur Gemeinheit und Egoismus auf der Welt gibt. Und mag es auch Zeiten geben, in denen ich eher zum Klagen als zum Danken aufgelegt bin, möchte ich doch nicht die Fähigkeit, mich zu freuen, zuschütten. Aber was klingt da in mir mit? Jener Psalmdichter freut sich, weil er etwas gefunden hat, was dauerhafter ist als die Macht oder der Reichtum von Menschen. In seinen Worten heißt das: "Verlaßt euch nicht auf die Reichen und Mächtigen! Sie sind auch nur Menschen und können euch nicht helfen." Auch sie sind letztlich ohnmächtig und vergänglich. Und wer sich allmächtig glaubte, bricht zusammen: "Sie müssen sterben und zu Staub zerfallen, und mit ihnen vergehen auch ihre Pläne."

Doch dieser Beter und Dichter selbst weiß seine Grenzen. Und das bringt ihn nicht - wie uns oft - in Minderwertigkeitsgefühle, auch nicht ins Jammern und Schimpfen. Sondern er erkennt: "Glücklich, wer seine Hoffnung auf den Herrn setzt." Er hofft auf den, der allein wirklich Macht hat und diese Macht nicht gegen den Menschen richtet, sondern es auch gut mit ihm und uns meint. In dem Lied von Paul Gerhardt nach diesem Psalm heißt das so: "Wohl dem, der einzig schauet nach Jakobs Gott und Heil. Wer dem sich anvertrauet, der hat das beste Teil, das höchste Gut erlesen, den schönsten Schatz geliebt, sein Herz und ganzes Wesen bleibt ewig unbetrübt."

(Musik: EKG 197,2)

Ich möchte mich anstecken lassen von diesem Glauben und Vertrauen. Denn dieser Mann ist glücklich, weil er den als Herrn über sein Leben besingen kann, der ein gütiger Helfer der Schwachen und Bedrückten, Gefangenen und Schutzlosen ist: "Den Unterdrückten verschafft er Recht, den Hungernden gibt er zu essen, er befreit die Gefangenen, und die Blinden sehen in einer großen Finsternis plötzlich Licht."

Noch fällt es mir schwer, Gottes Güte und Kraft gerade da zu erkennen, wo menschliche Macht am Ende ist. Und wenn man vieles verloren hat, ist es gar nicht einfach, sich über das zu freuen, was man ist und glaubt. Doch immer wieder haben Menschen, die die Ohnmacht am eigenen Leib erlitten haben, entdeckt, daß ihnen Gott in aller Not sehr nahe ist. Denn "der Herr liebt alle, die zu ihm halten, aber die Pläne des Bösen vereitelt er". Die Gottlosen, die andere Menschen für ihre Zwecke ausbeuten und kaputt machen wollen, sollen ihr teuflisches Ziel nicht erreichen. Gott vertritt ihnen den Weg, vereitelt ihre Pläne. Doch "wer Gewalt muß leiden, den schützt er im Gericht".

(Musik: EKG 197,4)

Lied	Andere Lieder wollen wir singen, feiern das Fest der Befreiung. Der Herr führt uns auf neues Land. Die Träume werden wahr.

Als Israel aus Ägypten zog,
wurde das Mahl zum Zeichen der Freiheit.
Wer vom Lamme aß, war mit im Bund
und folgte dem Ruf zum Aufbruch.

Als Jesus lud zum Abendmahl,
wurde das Mahl den Jüngern zum Zeichen.
Wer vom Brote aß und vom Weine trank,
nahm teil an Tod und Leben.

Wenn heute Gemeinde zusammenkommt,
wird das Mahl zum Zeichen der Hoffnung.
Wer von ihm ißt und von ihm trinkt,
der hat das Leben der Zukunft.

(Alois Albrecht / Peter Janssens)

Gebet — Vaterunser

Abendmahl — Einsetzungsworte

Gemeinsames Essen und Trinken

Text
Dankt alle, die ihr denken könnt,
für Leben, Atem, Geld und Brot,
für jeden, der euch nahe steht,
und Feinde, die zum Frieden reizen.
Dankt alle, die ihr denken könnt.
Helft alle, die ihr helfen könnt,
den vielen, die der Tod bedroht,
auch denen, die euch ferne sind,

und Freunden, die ihr Leid verdrängen.
Helft alle, die ihr denken könnt.
Hofft alle, die ihr denken könnt,
auf Menschen, denen Mut zuwächst,
auch dann noch, wenn Erfolg ausbleibt,
auf Menschen, die von Christus lernen.
Hofft alle, die ihr denken könnt.
Dankt alle, die ihr denken könnt,
für Leben, Atem, Geld und Brot,
für Christus, der so maßlos gibt,
daß nur noch Dumme ängstlich geizen.
Dankt alle, die ihr denken könnt.

(Dieter Trautwein / Herbert Beuerle)

Segen

Lied   Komm, Herr, segne uns

(Dieter Trautwein)

Christian Wahner

Abendmahlsgottesdienst in der Justizvollzugsanstalt Frankfurt-Höchst

Vorüberlegungen

Welche Gemeinde habe ich bei diesem Gottesdienst im Blick? Die Gottesdienstgemeinde im Gefängnis unterscheidet sich von der Gemeinde draußen nicht durch die Delinquenz ihrer Teilnehmer, sondern durch die Situation, in der sie lebt. Die Feststellung des Paulus: "Es ist hier kein Unterschied, sie sind allzumal Sünder und mangeln des Ruhmes, den sie bei Gott haben sollten" (Röm. 3,23), verbietet es uns, den Unterschied an der Straffälligkeit festzumachen. Sehr wohl gilt es aber, zu unterscheiden im Blick auf die Situation.

Die sich im Gefängnis versammelnde Gemeinde ist eine Zwangsgemeinschaft von Menschen, die miteinander verbunden sind durch die gemeinsame Erfahrung des Freiheitsentzuges. Für die in ihren Rechten drastisch Beschnittenen erhält das Recht, an einem Gottesdienst teilzunehmen, eine besondere Bedeutung. Obwohl viele der Gefangenen offen zugeben, daß sie seit ihrer Konfirmation an keinem Gottesdienst mehr teilgenommen haben, nehmen sie ihr Recht auf Gottesdienst schon darum im Gefängnis wahr, um mit anderen zusammenzusein. Wer zwanzig Stunden und mehr am Tag mit sich allein gelassen in einen engen Raum eingesperrt ist, sieht den Gottesdienst als eine Gelegenheit an, um andere zu sehen, mit ihnen zu sprechen und Gemeinschaft mit ihnen zu haben. Diesem Grundbedürfnis nach Kommunikation muß ein Gottesdienst im Gefängnis Rechnung tragen.

In der Eingangsphase entzündet sich meistens ein lebhaftes Gespräch. Drei oder vier Köpfe sind immer dicht zusammen. Sie unterhalten sich angeregt, haben sich viel zu erzählen. Die Gottesdienstbesucher unserer Kirchengemeinden draußen reden in aller Regel nach dem Betreten der Kirche nicht mehr miteinander. Wer weiß warum? Vielleicht aus Ehrfurcht vor dem, was da geschieht, vielleicht aus dem Wunsch nach Stille und Andacht oder auch nur aus Gewohnheit. Da sitzen oft Menschen im Gottesdienst nebeneinander und reden kein Wort miteinander, haben keine Kommunikation, keine Gemeinschaft untereinander.

Aber ist es nicht ein entscheidendes Kennzeichen für den Gottesdienst einer christlichen Gemeinde, daß Menschen zusammenkommen und Gemeinschaft miteinander haben, weil Gott Gemeinschaft mit ihnen hat, daß Menschen miteinander reden, weil Gott mit ihnen geredet hat?

Die Gottesdienstphase, in der man ins Gespräch kommen kann, sollte darum nicht zu knapp bemessen sein und mindestens zehn Minuten betragen. Es versteht sich wohl von selbst, daß nach dieser Vorüberlegung der Gottesdienst nicht erst mit dem Eingangsvotum "Im Namen des Vaters" beginnt.

Welche Schwerpunkte sind zu setzen?

Auf dem Hintergrund der Vereinzelung und der Isolation, die Gefangene im Vollzugsalltag erleben und erleiden, soll der Communio-Gedanke im Mittelpunkt des Gottesdienstes stehen. Das Abendmahl als Hauptteil des Gottesdienstes soll dementsprechend als Gemeinschaftsmahl erlebt und erfahren werden. "Denn e i n Brot ist's, so sind wir viele ein Leib, weil wir alle an e i n e m Brot Anteil haben" (1. Kor. 10,17). Von diesem Communio-Gedanken her plädiere ich auch für den Gemeinschaftskelch. "Wir sind, die wir aus e i n e m Kelche trinken alle Brüder und Jesu Glieder" (EKG 159, 1).

In der Solidarität der gemeinsam Betroffenen begegnen mir immer wieder Gesten und Zeichen des brüderlichen Teilens, und sei es nur, daß ein Gefangener seine letzte Zigarette mit einem anderen teilt.

Um die von Christus gestiftete Gemeinschaft und Befreiung konkret erfahrbar werden zu lassen, muß eine Form gewählt werden, die ein Zusammensein als heilendes Sein lernen und üben läßt. Darum gehört eine gemeinsame Mahlzeit und das Gespräch als offene Kommunikation hierher.

Für mich ist der Hinweis von W. Marxsen wichtig, daß mit dem Erreichen der "sakramentalen Stufe" der ursprüngliche Gemeinschaftscharakter des Mahles nahezu vollständig verlorenging. Er beschreibt diesen Vorgang als Übergang von der "impliziten" zur "expliziten" Christologie und führt dazu aus, daß durch den Wegfall der Mahlzeit aus der eschatologischen Gemeinde die Kultgemeinde geworden ist. (Anfangsprobleme der Christologie, 4. Aufl., Gütersloh, 1966, S. 47f.)

So schwierig es in einem Gefängnis auch immer sein mag, innerhalb eines Gottesdienstes eine gemeinsame Mahlzeit zu halten, so sehr bietet es sich gerade am Erntedankfest an, die auf dem Altar bereitliegenden Brote, Trauben und anderen Früchte miteinander zu essen und dazu Wein oder Saft zu trinken.

Welche Zielsetzung soll der Gottesdienst haben?

Die thematische Zielsetzung ergibt sich aus dem Anlaß des Erntedankfestes. Obwohl nur noch sehr wenige der Inhaftierten den Zusammenhang zwischen Saat und Ernte unmittelbar erleben, setze ich diesen Zusammenhang als Ausgangspunkt zum Thema Danken voraus. Dabei geht es mir darum herauszufinden, wovon wir leben und wofür wir danken können. Die Perikope Joh. 6,47-57, Jesus als das Brot des Lebens, soll dabei Leitgedanke sein. Hierbei denke ich nicht an eine dogmatische Auslegung, sondern mehr an eine Deutung des Abendmahles mit Brotbrechen und Teilen, dem Austeilen und Anteilhaben an dem einen Leib, dem Empfangen und Geben und Danken.

Die Spannung zwischen Gesetz und Evangelium, von der letztlich auch jeder Gottesdienst lebt, möchte ich nicht einfach auflösen. Beim Stichwort Gesetz fällt mir das viele Brot ein, das aus den Fenstern geworfen wird. Ich denke auch an die vielen Hungernden in der Welt und möchte zu einem dankbareren und verantwortlicheren Umgang mit dem täglichen Brot verhelfen.

Gottesdienstablauf

VERSAMMLUNG - BEGRÜSSUNG - ERÖFFNUNG

Ich stehe an der Tür zum Mehrzweckraum, in dem der Gottesdienst stattfindet, und begrüße jeden Teilnehmer persönlich, gebe jedem die Hand und anschließend das Liedblatt. Die Stühle stehen im Kreis. Ein Tisch ist in den Kreis eingefügt, geschmückt mit Blumen, Broten und Weintrauben, sowie mit Obst, Kerzen und dem Abendmahlsgerät. Leise Orgelmusik vom Schallplattenspieler ist zu hören. Ich sitze neben dem Erntedanktisch mit im Kreis und versuche ein Gespräch mit meinem Nachbarn und lade die anderen auch zum Sprechen ein. Die Runde ist gedacht für etwa dreißig Teilnehmer, die in der Regel auch sonst zum Gottesdienst kommen. Nach zehn Minuten bitte ich den "Gefangenen von der Technik", den Küster, die Musik abzustellen. Dann weise ich auf den Tisch in unserer Mitte hin mit folgenden Worten:

> Der Tisch ist uns gedeckt mit Broten, Trauben, Wein und Saft. Wir sind eingeladen, davon zu essen und zu trinken und so Gemeinschaft miteinander zu haben. Der Anlaß zu diesem Fest ist unser Dank für das tägliche Brot, das auch in diesem Jahr wieder reichlich für uns da war. Ich finde, das ist nicht selbstverständlich. Darum möchte ich heute mit Ihnen nachdenken über das, wovon wir leben und wie wir dafür danken können auch hier im Gefängnis.

> Als eine Möglichkeit des Dankens bietet sich ein Lied an, das wir jetzt gemeinsam singen wollen.

Lied: Nun danket alle Gott (EKG 228)

Gebet - Anrufung

> Im Namen des Vaters und des Sohnes und des Heiligen Geistes. Amen.

> Der Herr versorgt mich. Warum sollte ich mir Sorgen machen? Er gibt mir Nahrung für Geist und Herz, wenn sonst keiner meinen Hunger stillt. Wenn alles andere zwischen den Fingern zerrinnt, mit dem die Menschen mich abspeisen.

> Er gibt das Wasser, das den Durst löscht, den Durst nach dem wirklichen Leben. Wo immer er mich hinführt, er gibt Lebensfülle und Kraft.

> Er gibt mir einen sicheren Schritt. Er zeigt mir einen Weg durch das Gewühl der Menschen. Durch die Flut der Lichter. Durch das Rauschen der Stimmen. Einen klaren Weg, so gewiß es Gott ist, der mich führt.

Und wenn die Lichter verlöschen und es dunkel wird, wenn ich einsam bin, wenn ich krank bin und den Tod fürchte - wenn ich schuldig bin vor dir, Herr, und deine Hand verloren habe, fürchte ich doch nicht, dich zu verlieren. Denn du bist bei mir. Dein Kreuz tröstet mich, das Zeichen, daß du mich liebst, daß du mir nahe bist und daß ich dir gehöre.

Herr, du machst es hell in meiner Seele und machst mich rein und klar. Du gibst mir den Becher und sagst: "Nimm hin und trink! Trink meine Liebe in dich hinein, mein Opfer für dich."

(nach Zink, Leben)

EINLADUNG ZUM KYRIE - SÜNDENBEKENNTNIS

Wir brauchen und verbrauchen mehr als das tägliche Brot. Es kommt uns normal vor, daß sich unser Lebensunterhalt stetig steigert. - Manchmal fallen uns Zeiten ein, in denen wir ärmer waren, gesünder und zufriedener. Wir bitten dich: Herr erbarme dich!

(Liturgieentwürfe, S. 251)

Lied: Herr, erbarme dich

Aus der Tiefe meiner Sehnsucht rufe ich zu dir, auch wenn ich satt bin, bin ich hungrig, still du meinen Hunger.

Herr, erbarme dich, nimm dich meiner Sehnsucht an, damit sie Früchte trägt, den Tag besteht und blühen kann.

Aus der Tiefe meiner Sehnsucht rufe ich zu dir, auch wenn ich rede, bin ich sprachlos, gib du mir die Stimme.

Herr, erbarme dich, nimm dich meiner Sehnsucht an, damit sie Früchte trägt, den Tag besteht und blühen kann.

Aus der Tiefe meiner Sehnsucht rufe ich zu dir, auch wenn ich singe, erklingt kein Lied, gib du mir den Gesang.

Herr, erbarme dich, nimm dich meiner Sehnsucht an, damit sie Früchte trägt, den Tag besteht und blühen kann.

Aus der Tiefe meiner Sehnsucht rufe ich zu dir, auch wenn ich liebe, glüht keine Glut, hol du mich aus dem Tod.

Herr, erbarme dich, nimm dich meiner Sehnsucht an, damit sie Früchte trägt, den Tag besteht und blühen kann.

(Hans-Jürgen Netz / Peter Janssens)

EINLADUNG ZUM GLORIA - GNADENVERKÜNDIGUNG

Mitten in unseren vielen Sachen und Arbeiten und Vorhaben stehen wir manchmal ganz arm da und sind mit der eigenen Kunst am Ende. Wenn dann jemand zu uns kommt und uns zu spüren gibt: Du mußt dich nicht sorgen, ich bleibe dein Freund und habe dich lieb. Dann erfahren wir, wovon wir leben. Ehre sei Gott in der Höhe...

(Liturgieentwürfe, S. 251)

VERKÜNDIGUNG

Evangelium: Joh. 6,47-57

Lied vom Brot

1-2-3-4-5-6-7, wo ist der alte Spruch geblieben? Gestern las ich noch den Schrieb: Unser täglich Brot uns gib. Heute les ich: Täglich frisch Brötchen auf den Frühstückstisch.

(Hildegard Wohlgemuth / Klaus Landauer)

Bilderpredigt zum Thema "Brot des Lebens"

Das Poster "Frieden" hängt mit der weißen Hand nach oben rechts neben dem Erntedanktisch. Die untere Hälfte mit der schwarzen Hand ist durch weißen Plakatkarton abgedeckt.

Wir betrachten die Hand mit dem Stück Brot eine Weile.

Ich bekomme Hunger und frage die Teilnehmer in der Runde, ob es ihnen auch so geht, sammle die Äußerungen und Eindrücke. Ich frage weiter, was das Bild sonst noch auslöst an Gedanken und Gefühlen, lasse zusammentragen - gebe weitere Fragen zum Nachdenken: Gibt die Hand das Brot oder empfängt sie es? Für mich sieht es eher nach Geben aus. Wer gibt hier wem etwas? Mich erinnert diese Hand an Jesus, der das Brot nahm, dankte und es brach, seinen Jüngern gab und sagte: Nehmet und esset, das ist mein Leib, der für euch gegeben wird.

83

Dann nehme ich den weißen Plakatkarton weg, so daß die untere Hälfte des Bildes mit der schwarzen Hand auch sichtbar wird.

Jetzt vermittelt dieses Bild einen ganz anderen Eindruck. Ich bitte um Äußerungen der neuen Eindrücke.

Mein erster Eindruck ist Kampf, Kampf um das Brot. Die schwarze Hand unten versucht, ein Stück vom Brot abzubrechen. Sie erinnert mich an die Hungervölker Afrikas, und ich denke an das viele Brot, das bei uns weggeworfen wird. Die weiße Hand oben und die schwarze Hand unten sind für mich der Ausdruck des Nord-Süd-Gefälles zwischen den Reichen hier bei uns auf der nördlichen Halbkugel der Erde und den Armen auf der südlichen Hälfte der Erde.

Jetzt drehe ich das Bild um neunzig Grad nach rechts und mein erster Eindruck verstärkt sich noch.

Hier wird ums Brot gekämpft. Die weiße Hand will es festhalten, und die schwarze will sich ein Stück davon abbrechen. Auf der einen Seite sind wir, die wir im Überfluß leben und unseren Besitzstand bewahren wollen, und auf der anderen Seite stehen Menschen, die ums nackte Überleben kämpfen. Der Bruch, der da mitten durch das Brot geht, wird zum Bruch zwischen den Menschen, zwischen weiß und schwarz, zwischen reich und arm. Wie lange noch werden die Hungervölker in der Dritten Welt von unseren Almosen leben können? Wenn sie nichts mehr zu verlieren haben als das ohnehin vom Hungertod bedrohte Leben, werden sie dann nicht eines Tages kommen und sich holen, was wir ihnen vorenthalten? Und wie können wir da angesichts der ungleichen Verteilung der Güter und Lebensmittel heute hier Erntedankfest feiern?

Ich drehe das Bild noch einmal ganz um, so daß das gebrochene Brot in den beiden offenen Händen liegt.

Und nun empfinde ich das Bild als eine Einladung zum Feiern: "Laßt uns Brot brechen und Gott dankbar sein" (Singe , Christenheit, Nr. 701). Das Brotbrechen wird zum Zeichen des Friedens. Zwei Menschen, ein schwarzer und ein weißer, teilen das Brot brüderlich miteinander. Und das bedeutet Frieden.

Ich denke hier auch an so manche Geste des brüderlichen Teilens mitten im Knastalltag. Ja, das gibt es auch hier und vielleicht hier sogar viel häufiger als draußen, wenn zum Beispiel ein Gefangener die letzte Zigarette mit seinem Zellengenossen teilt. Und sie teilen oft noch viel mehr miteinander, angefangen bei der Luft, die sie atmen, bis hin zu dem Geruch in dem engen Raum. Sie teilen ihre Sorgen miteinander und manchmal auch ein bißchen Freude. Teilen, das verbrüdert.

Jesus hat uns das gezeigt. Er hat nicht nur Brot und Wein mit seinen Jüngern geteilt, sondern auch Schmerzen, Not und Tod. Darum nennt er sich selbst das Brot, damit wir ihn verstehen und erkennen, wie wichtig er für uns ist. Wir wissen ja, was Brot bedeutet, obwohl wir es als zu selbstverständlich allzuoft verachten. Brot ist nicht nur ein fundamentales Nahrungsmittel, sondern Brot ist gleichbedeutend mit Leben. Darum nennt Jesus, der Christus, sich selbst das Brot, weil er Leben sein will für uns:

Hoffnung für die Gequälten, Frieden für die Unterdrückten, Ziel für die Suchenden, Freiheit für die Gefangenen und Heilung für die Kranken. Darum läßt er sich brechen für uns, seine Menschen, damit wir an seiner vergebenden Liebe Anteil haben können und schmecken und sehen, wie freundlich er ist.

Und sein Friede, der höher ist als unsere Vernunft, bewahre unsere Herzen und Sinne in Christus Jesus. Amen.

Lied: Wir ziehen aus aus der Brotlosigkeit (vgl. Seite 73)

MAHLFEIER

Gebet

> Jesus lädt uns ein, daß wir seine Freunde werden; er kommt uns freundlich entgegen. Er feiert mit seinen Jüngern, er feiert mit den kleinen Leuten, mit Verachteten und Bedrückten, er feiert in großer Gemeinde das Mahl. Wir können seine Gäste sein - zum Zeichen, daß Jesus alle zu sich eingeladen hat. Wir können erleben, wie wir Brot und Wein empfangen - zum Zeichen, daß Jesus sein Leben für uns gegeben hat. Wir können Brot und Wein untereinander teilen - zum Zeichen, daß wir im täglichen Leben wie er das Teilen üben.
>
> Wir feiern die Freundschaft Gottes mit uns Menschen. Darum könnt ihr alle kommen. Keiner ist von Gottes Güte ausgeschlossen.

> (Liturgieentwürfe, S. 312)

Einsetzungsworte

Gebet

> Wir nehmen und essen, wir nehmen und trinken: suchen, was uns befreit von der Last verlorener Mühe, wollen finden, was uns eint. Gott laß es nicht vergeblich sein.

> (Gottesdienst menschlich, S. 53)

Kommunion

Das Brot wird auf einem großen Holzteller durch den Kreis gegeben, und jeder bricht seinem Nachbarn ein Stück davon ab und reicht es ihm mit einem Friedenswunsch.
Ebenso reichen sich die Teilnehmer den Kelch. Dabei werden zwei Kelche durch die Reihe gegeben, in einem ist Wein, in dem anderen Traubensaft. Von den Broten und dem Wein und Saft soll nach Möglichkeit nichts übrig bleiben. Darum werden Teller und Kelch mehrmals durch den Kreis gegeben, ebenso die Weintrauben und das Obst. Was dennoch übrig bleibt, nehmen die Gefangenen anschließend mit. Während des Mahles kann man sich unterhalten.

Lied: An einem Tisch

An einem Tisch bei Brot und Wein gibst du uns Kraft. An einem Tisch sind wir vereint gegen den Feind. An einem Tisch wird unter uns die Zukunft wahr. An einem Tisch beginnt der Weg, der weiterführt.

(Hans-Jürgen Netz / Christoph Lehmann)

Gebet

Wir haben miteinander Brot gegessen und Wein getrunken - im Gedenken an Jesus, den wir brauchen wie das tägliche Brot.

Du bist unser Licht. Du bist unser Friede. Du bist unsere Hoffnung, die Auferstehung des Menschen. Du bist gekommen in unser Leben. Daran wollen wir denken, wenn wir uns freuen und wenn uns zum Weinen ist.

Im Namen Jesu sind wir frei und erlöst. Das wird uns helfen, wenn uns Vorwürfe quälen, wenn wir dabei sind, Vorwürfe zu machen.

Im Namen Jesu sind wir beschützt. Das wird uns helfen, wenn wir allein sind, wenn wir Angst haben, wenn wir sterben müssen.

Im Namen Jesu sind wir geliebt. Das wird uns helfen, wenn wir kein Zutrauen mehr haben, wenn wir am Ende sind.

Im Vertrauen auf dich können wir leben, werden wir gelöst und frei - und beten: für unsere Freunde und Familien; für die, mit denen wir gerne zusammen sind, und die, die uns das Leben schwer machen.

Wir beten für alle, die darunter leiden, daß sie gehemmt oder unbeholfen, krank oder unansehnlich sind. Wir beten für die Traurigen und Trauernden. Wir möchten ihnen begegnen wie Jesus: ihnen Mut machen.

Gott, dein Geist ist in uns: das Licht der Welt.
Wir danken dir.

(Gottesdienst menschlich 2, S. 177f.)

Unser Vater - Segen

Bekanntmachungen

Verabschiedung

Dietrich Schulz und Karl Steinbauer

Familiengottesdienst in der Justizvollzugsanstalt Hamburg-Vierlande

Vorbemerkungen

Zur Anstalt

Die JVA Vierlande ist eine der beiden Hamburger Anstalten des offenen Vollzugs. Sie liegt 25 Kilometer vom Zentrum entfernt im süd-östlichen Hamburger Landgebiet. Die Verkehrsverbindungen zur Stadt sind, besonders am Wochenende, nicht gut. Das Haus hat 400 Haftplätze. Bis dato ist nur Gemeinschaftsunterbringung in Sälen mit sieben Betten möglich.

Zu den Insassen

Vollzogen werden Freiheitsstrafen von mehreren Wochen (Ersatzfreiheitsstrafen) bis zu mehreren Jahren. Gelegentlich sind auch Inhaftierte mit lebenslanger Freiheitsstrafe und mit Sicherungsverwahrung zum Übergangsvollzug im Haus. Rund 50 Insassen befinden sich im Berufs- oder Ausbildungsfreigang. Jeder Insasse ist nach drei Monaten, wenn er aus dem geschlossenen Vollzug verlegt wird nach einem Monat, urlaubsgeeignet. Die Inhaftierten sind daher im Gegensatz zum geschlossenen Vollzug weitgehend nach außen orientiert. Dem entspricht auch die Möglichkeit, unüberwacht Telefongespräche zu führen von Telefonzellen, die im Unterkunftsbereich aufgestellt sind. Ein Problem ist häufig die Überbrückung der Zeiten zwischen den Urlauben, besonders bei Inhaftierten, die Familien mit kleineren Kindern haben. Der Familiengottesdienst soll ein Angebot in dieser Hinsicht sein.

Zum Gottesdienst allgemein

Traditionsgemäß findet Gottesdienst am ersten und dritten Sonntag im Monat und an den Feiertagen statt. Die Teilnehmerzahl liegt bei zehn bis zwanzig. Rückgrat der gottesdienstlichen Gemeinde ist der Chor. Dazu kommen selten mehr als vier bis fünf Besucher. Der Gruppendruck auf einem Saal macht sich hier stark bemerkbar.

Der Chor

Der Chor ist die Gruppe innerhalb der Anstalt, die sich seit langen Jahren mit wechselnder Besetzung gehalten hat. Er trifft sich wöchentlich. Er hat meist acht bis zwölf Mitglieder, die sich nicht nur dafür zuständig fühlen, daß die Lieder des Gottesdienstes sitzen. Er ist eine Art Kerngemeinde, in der auch die Gottesdienste überlegt und nachbesprochen werden. Einzelne Mitglieder lesen gelegentlich Texte zum Thema. Sind Instrumentalisten in der Anstalt, wirken sie auch als Teil des Chores im Gottesdienst oder bei anderen Veranstaltungen mit.

Zum Familiengottesdienst

Es sollte der erste Gottesdienst in unserer Anstalt mit Angehörigen sein. Es gab keinerlei Erfahrungen und kaum Vorbilder. Damit der erste Familiengottesdienst nicht auch gleich der letzte sein würde, durften keine größeren Pannen passieren. Die entsprechenden Vorüberlegungen fanden ihren schriftlichen Niederschlag in einem Einladungsschreiben, das wir etwa drei Wochen vorher an den Anschlagbrettern des Pfarramtes aushängten und auch auf die 65 Säle verteilten. Zweierlei war dabei wichtig:
- die Bedingungen der Anstalt, die eingehalten werden mußten;
- die Angaben zur Verkehrsverbindung: Zur üblichen Gottesdienstzeit um 10.00 Uhr fuhr kein Bus; so mußte der Termin so gelegt werden, daß sowohl für Gottesdienst als auch für das Gespräch noch genügend Zeit blieb. Nach dem Fahrplan ergab sich dann die einzige Möglichkeit zwischen 14.15 Uhr und 15.45 Uhr.

Das inhaltliche Konzept

Zwei Vorüberlegungen haben uns veranlaßt, vom üblichen Gottesdienstschema mit weitgehend einlinig verbalen Elementen abzusehen:
- Wir wollten uns bewußt auf den Besuch von Kindern einstellen.
- Im traditionell unkirchlichen Hamburger Bereich konnten wir kaum Erfahrungen mit Gottesdienst voraussetzen.

Es sollten deshalb Elemente eingebaut werden, die gemeinsame Aktivitäten ermöglichen. Sie sollten einerseits die verbalen Teile auflockern und andererseits konkretisieren. Drei solche Ideen haben wir realisiert:

- Wir lernen gemeinsam einen Kanon

Der Kantor, Schulleiter und Kirchenmusiker, hatte den Kanon vorher mit dem Chor ausgiebig eingeübt. Der kräftige Männergesang hat dann auch die etwas Schüchternen mitgerissen.

- Wir betrachten das Korn

Die vier bei uns häufigsten Getreidearten wurden gemischt und in kleine Plastiktüten gefüllt, so daß für jeden Teilnehmer ein Tütchen vorhanden war. Jeder sollte die verschiedenen Körner betrachten und darüber nachdenken können, was aus ihnen zu unserer Nahrung gemacht wird.

- Wir teilen

Vom ersten Gedanken, einen Abendmahlsgottesdienst zu gestalten, sind wir nach den oben aufgeführten Vorüberlegungen schnell abgekommen. Aber wir wollten ein Element haben, das möglichst viele Empfindungsschichten anspricht - wie eben Essen und Trinken. So kamen wir auf den Gedanken, gebrochenes Brot und Weintrauben auf Tellern durch die Reihen gehen zu lassen und zum Essen anzubieten.

Als uns dieser zentrale Teil des Gottesdienstes klar war, stand auch das Gesamtthema für uns fest: "Wir leben vom Teilen."

Zum Thema "Wir leben vom Teilen"

Im Gottesdienst wollten wir uns daran erinnern, daß Leben nur möglich ist, wenn wir nicht nur an uns selber denken, sondern auch aneinander. Gottes Liebe gilt uns Menschen und sie ist sichtbar geworden in Jesus Christus. Aber er gibt uns auch sichtbare Zeichen seiner Zuwendung in den Gaben der Natur, die uns das Leben ermöglichen. So schafft Gott Frieden und Freundschaft zwischen ihm und uns. Es ist an uns, Frieden und Freundschaft unter uns zu praktizieren, indem auch wir nicht nur haben wollen, sondern miteinander teilen.

Den naheliegenden Gedanken, im Gottesdienst auch unsere Verantwortung für die Dritte Welt zu artikulieren, haben wir bald wieder aufgegeben, aus der Überlegung heraus, daß dieser weitführende Schritt die Aufnahmefähigkeit unserer Gemeinde an diesem Sonntag überfordert hätte.

Erfahrungen mit diesem Gottesdienst

24 Insassen hatten insgesamt 52 Angehörige angemeldet, die mit einer Ausnahme alle anwesend waren. Einige Inhaftierte nahmen ohne Angehörige am Gottesdienst teil.

Der äußere Ablauf klappte reibungslos. Die Zeit von 90 Minuten hat nach unserem Eindruck ausgereicht. Der Gottesdienst dauerte 45 Minuten, die gleiche Spanne stand für Gespräche der Insassen mit ihren Angehörigen zur Verfügung. Falsch war es, sofort mit dem Gottesdienst zu beginnen. Es wäre eine kurze Zeit nötig gewesen, in der sich die Angehörigen über wichtige Ereignisse hätten austauschen können. So mußte das zwischendurch geschehen.

Obwohl nur drei Kinder am Gottesdienst teilnahmen, haben sich die für sie eigentlich konzipierten nonverbalen Teile voll bewährt. Auch die Erwachsenen konnten damit etwas anfangen und gingen mit. Hier liegen Ansätze für weiterführende Formen, die einen evangelischen Gottesdienst lebendig und zu einem gemeinsamen Erlebnis machen können.

Die gleiche Erfahrung hat sich aus der anderen Sicht bei den Wortbeiträgen gezeigt. Hier hat die Konzentration meist schnell nachgelassen. So waren etwa die als Problematisierung des Themas "Dank" gedachten Texte kaum verstanden worden, obwohl sie von drei Sprechern vorgetragen wurden. Sie waren schlicht überflüssig.

Aushang in der Justizvollzugsanstalt Vierlande

FAMILIENGOTTESDIENST
am Erntedankfest

Den Gottesdienst am Erntedankfest (2. Oktober 1983)
möchten wir zusammen mit Ihren Angehörigen feiern.
Sie können dazu Ihre Familie, besonders auch die
Kinder, einladen. Der Gottesdienst beginnt - wegen
der Busverbindung - um 14.15 Uhr.

Damit alles reibungslos gehen kann, bitten wir Sie,
folgendes zu beachten:

1. Bitte teilen Sie uns bis zum 29. September auf
   einem Antrag mit, wer von Ihren Angehörigen kommen möchte, bei den Kindern auch das Alter. Ohne
   diese Anmeldung kann niemand zugelassen werden.

2. Ihre Angehörigen müssen in der Besuchskartei
   eingetragen sein.

3. Die Teilnahme am Gottesdienst wird nicht als
   Besuch gewertet.

4. Es gelten die üblichen Regeln für den Besuch mit
   der Ausnahme, daß keine Sachen angenommen oder
   abgegeben werden können.

Wir laden Sie und Ihre Angehörigen zu diesem
Gottesdienst herzlich ein.

Pastor Karl Steinbauer   Diakon Dietrich Schulz

Busverbindungen:
Ab Bergedorf (S-Bahn) Linie 229 (neu)   13.30 Uhr
An Ecke Neueng.Hausdeich/Neueng.Heerweg   13.46 Uhr
Rückfahrt
Ab Ecke Neueng.Hausdeich/Neueng.Heerweg   16.15 Uhr
An Bergedorf (S-Bahn)   16.30 Uhr

Gottesdienstordnung

Begrüßung

Wir lernen zusammen den Kanon "Vom Aufgang der Sonne"

Wir betrachten Korn

Liebe Kinder, Eltern, Frauen und Männer!
Wir sind gut dran, trotz der anhaltenden Trockenheit in diesem Sommer. Alle Kornfelder sind abgeerntet worden.
Unser Kirchenraum ist heute geschmückt mit Früchten und einer Erntekrone.
Wir wollen Dank sagen für alles, wovon wir leben!

Ich konnte von hier beobachten, wie große Maschinen über die Felder fuhren. Mit großen Autos oder Traktoren wurde dann das Korn weggefahren.
Wohin? (In die Kornkammer des Bauern oder direkt in eine Mühle.)
Wir alle wissen, daß das Korn zu Mehl gemahlen wird.
Das Mehl ist sehr wichtig für unsere Ernährung.
Was machen wir alles daraus? (Brot, Brötchen, Kuchen, Nudeln.)

Wenn wir jetzt diese Erntekrone betrachten: Verschiedene Kornarten sind zu dieser Krone verarbeitet worden.
Wie heißen diese Kornarten? (Weizen, Roggen, Hafer, Gerste.)
Damit wir das Korn besser kennenlernen, haben wir kleine Klarsichttütchen mit verschiedenen Körnern gefüllt. (Sie werden verteilt.)
Bitte seht die Körner richtig an.
Beschreibung der Körner (lang, dünn, dick, schmecken.)

Jedes einzelne Korn ist gleichzeitig ein Samenkorn.
Nehmt es mit nach Hause.
Sobald das Korn in die Erde kommt - eventuell in einen Blumentopf - wird es aufplatzen, keimen und an das Licht dringen.
Es wird ein grüner Halm daraus wachsen.
Jedes Korn lebt.
Und auch wir leben davon!

Wir singen das Lied "Lobe den Herren" (EKG 234,1-3)

Psalm 23

Gebet

Haben wir heute noch Anlaß zu danken?

Wissenschaft und Technik haben es möglich gemacht, daß bei uns keiner hungern muß. Düngung und Bewässerung bringen Erträge, wo früher nichts wuchs. Haben wir nicht viel eher Grund, stolz auf unsere Erfolge zu sein?

Sprecher 1:
Dr. Krick ist der bekannteste Wettermacher der Vereinigten Staaten. Mehrere Millionen Hektar sind bei ihm versichert, das heißt er liefert den Farmern zusätzlichen Regen. Droht eine Dürre, stäuben seine Flugzeuge winzigfeine Trockeneis- oder Silberjodpartikelchen in die Wolken als Kristallisationspunkte für die Regenbildung - und es regnet. Schon 1951 beregnete er ein Gebiet so groß wie Frankreich.

Sprecher 2:
In der Colorado-Wüste entstand ein Paradies: Im Dezember gibt es dort Frühlingsgemüse, im Februar Erdbeeren und im späten Frühjahr die Herbsttrauben. Man hat der "langweiligen und umständlichen Natur" Tempo beigebracht! Und dabei war das alles vor 50 Jahren eine schreckliche Wüste, durch die nur der Colorado seine ungeheuren Wassermassen in den Golf von Mexiko schob. Der Boden ist, als einstiger Meeresgrund, außerordentlich fruchtbar. Der Colorado, der täglich 500 Tonnen Sand, Schlamm, Erde und Schlick von den Rocky Mountains heranschleppt, hat an seiner Mündung einen natürlichen Deich errichtet. Alles, was man zu tun hatte, war: die Wasser des Colorado in einem sauber ausgerechneten Berieselungssystem in die Wüste zu leiten. Dies war möglich, nachdem man 1928 - 36 die gewaltige Hoover-Talsperre angelegt hatte.

Sprecher 3:
Die Milchproduktion innerhalb der Europäischen Gemeinschaft betrug im Jahr 1981 119 Millionen Tonnen, verbraucht wurden nur 104 Millionen Tonnen. Es blieb ein Rest von 15 Millionen Tonnen. 1982 stieg die Erzeugung auf 122 Millionen Tonnen, der Verbrauch nur minimal auf 105 Millionen Tonnen; es blieb ein Rest von 17 Millionen Tonnen.
1983 werden voraussichtlich 127 Millionen Tonnen erzeugt, der Verbrauch aber bei 105 Millionen Tonnen bleiben. Es werden vermutlich 22 Millionen Tonnen übrig bleiben.
Das Problem ist demnach nicht, Milch für alle zu beschaffen, sondern mit dem Überschuß vernünftig umzugehen.

Aber reicht es, wenn wir uns um Essen und Trinken keine Sorgen machen müssen? Ist wirkliches Leben nicht mehr?

Wir hören eine Musik

Ansprache

"Wie brauchen dringend neue Möbel", sagt Frau Amir zu ihrem Mann, "und einen zweiten Sklaven. Das ganze Haus verkommt." "Ich kann ja nichts dafür, daß die Karawanen nun oft einen Weg über die andere Zollstation machen", erwidert Herr Amir. "Die Einnahmen sind rückläufig. Was soll ich denn machen?"

"Aber ich will wenigstens ein standesgemäßes Leben haben, wenn wir schon in dieser verlassenen Gegend wohnen müssen. Ein wenig Luxus muß schon sein!"

"Was willst du denn noch? Du hast das schönste Haus hier, du hast deine Ruhe; du mußt nichts arbeiten, wir sind reich. Was willst du denn mehr?"

"Das weißt du selber", kontert Frau Amir. "Ich habe hier keinen, mit dem ich reden kann. Damals in Jerusalem war das noch anders. Da waren wir wenigstens öfter mal eingeladen."

"Aber mal ehrlich: Waren das Freunde? Da wollte doch jeder den anderen nur übertrumpfen. Hilfe hättest du da auch von keinem gehabt."

Frau Amir ist noch nicht zufrieden: "Das war wenigstens etwas! Aber du mußtest ja die Zollstelle hier draußen von den Römern mieten!"

"Sicher. Aber entweder wollten wir reich werden oder nicht. Und das hier war die beste Gelegenheit. Ich zahle den Römern einen festen Satz für die Zollstation – und was ich von den Karawanen verlange, ist meine Sache. Wo kann man sonst noch seine Einkünfte selber festlegen?"

Frau Amir bohrt weiter: "Aber die Leute hier! Sie meiden uns. Hinter unserem Rücken tuscheln sie und schimpfen, daß wir den Landsleuten Geld abnehmen im Auftrag der römischen Besatzung. Die lehnen uns total ab."

"Das ist doch nur der Neid." Erwidert Herr Amir. "Wir haben es gut hier. Was gehen uns die anderen an!"

"Ich stelle mir vor, uns passiert mal was. Wer hilft uns dann? Hier würde keiner einen Finger für uns krumm machen." Nach einer Pause: "Manchmal habe ich Angst. Wir sind ganz allein. Was ist das für ein Leben? Wir können uns zwar vieles leisten, aber sonst ...?"

"Da fällt mir was ein", ändert Herr Amir das Thema, "unser Kollege Levi hat uns für heute eingeladen."

"Ach, das ist doch wieder das Übliche! Wozu sollen wir da hingehen!"

"Er soll einen interessanten Besuch haben. Ich ginge gern hin. Hier ist heute nicht viel los. Und wenn eine Karawane kommt, kann sie warten bis morgen. – Sklave, spann den Wagen an! Wir fahren weg!"

Als sie bei Levi ankommen, kriegen sie erst mal große Augen: Eine festliche Tafel ist gedeckt. Viele Leute sitzen da und scheinen zu feiern.

"Hat der geerbt?" fragt Frau Amir halb belustigt halb interessiert. "Vielleicht will er nur protzen!"

"Schau mal, wer da sitzt", sagt Amir. "Noch ein Zolleinnehmer, der Nathan – und dort: der Bettler, den ich letzte Woche weggejagt habe – und da, das darf doch nicht wahr sein! Siehst du, wer neben Levi sitzt und sich anscheinend gut mit ihm unterhält? Der Kaufmann, der letzte Woche bei mir Zoll bezahlt hat und dabei geschworen hat: 'Wenn ich einmal einen von euch Zolleinnehmern erwische, dann gibt's ein Unglück!' Ich versteh das alles nicht."

"Wollen wir nicht lieber wieder gehen? Da passen wir nicht hin", will Frau Amir gerade sagen. Aber da rücken schon ein paar Leute zur

Seite, laden sie freundlich ein, Platz zu nehmen, reichen ihnen Teller und teilen mit ihnen, was auf dem Tisch steht.

"Was soll das alles?" kann Amir nur erstaunt fragen. "Levi hat Freunde gefunden", erklärt ihm ein Nachbar. "Da sitzen sie, Fischer, Handwerker, einfache Leute. Und dort sitzt der Meister. Die teilen alles miteinander. Der Meister ist für jeden da. Schon wenn er einen begrüßt, merkt man, daß er es gut meint. Levi sagt, das ist ein Bote Gottes."

Da mischt sich auch schon Levi selber ins Gespräch ein: "Das stimmt! Mehr noch! In diesem Jesus ist Gott zu uns gekommen. Er teilt sein Leben mit uns. Er lebt wie wir."

"Das verstehe ich nicht", sagt Amir. "Wozu ist das gut?"

"Gott möchte unser Freund sein und deswegen teilt er alles mit uns. Und wenn wir Menschen nicht nur an uns denken, sondern miteinander teilen, können auch wir Freunde werden."

"Daß ich nicht lache!" wirft Frau Amir ein. "Freunde! Im Alltag gibt's doch keine Freunde. Man hat zu tun, daß man sich gegen seine Feinde wehrt!"

"Habt ihr den Kaufmann gesehen, mit dem ich mich unterhalten habe? Wir sind Freunde geworden. Ich kassiere bei ihm nur noch, was ich darf, und will ihn nicht über's Ohr hauen. So einfach ist das."

"Und was bedeutet das Fest?" fragt Amir.

"Gott möchte, daß die Menschen untereinander Freunde werden. Und Jesus hat gesagt, ich kann ihm dabei helfen."

"Und wie soll das gehen?"

"Wir teilen mit anderen, was wir haben. Wer genug hat, gibt anderen davon; und wir teilen unsere Zeit, so, wie Jesus, der sich Zeit nimmt für jeden, der ihn braucht. Wir wollen an andere denken, nicht nur an uns."

Noch lange dauert das Fest im Hause Levi. Und als Amirs spät nach Hause fahren, diskutieren sie, ob die neuen Möbel wirklich das Wichtigste sind, was sie zum Leben brauchen.

Wir singen das Lied: "Nun preiset alle Gottes Barmherzigkeit" (EKG 380,1.4.5)

Wir teilen

Kinder, Erwachsene, Lachende, Weinende, Langhaarige, Schwarze, Weiße, Kranke, Gesunde, Schwache, Starke, Reiche, Unglückliche, Glückliche, Einsame, Freunde, Verwandte - keiner ist ausgeschlossen - wir alle sind eingeladen: Heute - jetzt - nicht im Himmel, sondern hier im Saal:
Gott will Frieden schaffen, Frieden und Vertrauen in uns und unter uns.
Wir alle sind eingeladen: Das bedeutet Frieden, Frieden heißt: Leben, Liebe, Geduld, Annahme, Vergeben, Lachen.

Wir wollen jetzt zusammen Brot und Weintrauben essen: Sie sind Zeichen des Lebens.
Mit uns feiern heute viele Menschen: Das Brot des Lebens ist für alle da. Die Weintrauben sind das Zeichen der Gemeinschaft. Wir alle sind eingeladen!

(Der Brotteller mit kleingeschnittenem Vollkornbrot wird angenommen und weitergegeben. Dann folgt der Teller mit Weintrauben. Während des Essens sprechen die Gottesdienstbesucher miteinander.)

Alle Menschen hier im Saal, alle wollen glücklich sein. Keiner hat das Glück allein, keiner lebt allein!
Brot und Weintrauben sind Zeichen des Lebens, sie sind uns von Gott gegeben. Danket ihm, denn er meint es gut mit uns!

Wir singen den gelernten Kanon

Gebet - Vaterunser - Segen

Wir unterhalten uns

Kasualgottesdienste

Die sogenannten Kasualien oder Amtshandlungen wie Taufen, Trauungen und Beerdigungen gehören - im Unterschied zur Tätigkeit des Seelsorgers in der Ortsgemeinde - nicht zum regulären, ständig wahrzunehmenden Aufgabenbereich des Gefängnisseelsorgers. Dies ist schon dadurch gegeben, daß der Aufenthalt in einer Justizvollzugsanstalt die Zugehörigkeit zu der Kirchengemeinde des Ortes, an dem der Inhaftierte polizeilich gemeldet ist, nicht aufhebt. Für alle mit kirchlichen Verwaltungsakten verbundenen seelsorgerlichen Anlässe besteht also weiterhin die Zuständigkeit des jeweiligen örtlichen Pfarramts. Der Anstaltspfarrer wird in solchen Fällen nur auf besonderen Wunsch und nur stellvertretend für den zuständigen Ortsgemeindepfarrer und nur in Absprache mit diesem tätig; oder aber weil eine ortsgemeindliche Zuständigkeit nicht gegeben ist, was unter bestimmten Umständen der Fall sein kann.

Kasualien sind also nicht die Regel, sondern eher die Ausnahme im Arbeitsfeld des Pfarrers in einer Justizvollzugsanstalt. Daß sie eher die Ausnahme sind, bedeutet allerdings in der Regel auch, daß er dabei mit Ausnahmesituationen konfrontiert ist, die nach einer angemessenen seelsorgerlichen Entsprechung verlangen. Er kann zum Beispiel gebeten werden, einen Gefangenen, der sich das Leben genommen hat, zu beerdigen, weil er ihn näher gekannt hat als der zuständige Ortspfarrer (oder im Unterschied zu diesem überhaupt gekannt hat). Oder er wird von einem Gefangenen gebeten, sein Kind zu taufen, weil er für diesen nun einmal der einzige aktuelle und konkrete Kontakt und Bezug ist, den er zu seiner Kirche hat. Wie graduell unterschiedlich auch immer die Besonderheit der Situation beschaffen sein mag, Ausnahmesituation ist sie immer insofern, als nun einmal Inhaftierung bedeutet, sich in einer extremen persönlichen und gesellschaftlichen Ausnahmelage zu befinden.

H.K.

Karl Steinbauer

Taufe und Konfirmation von inhaftierten Jugendlichen

Es begann damit, daß im religiös recht abstinenten Hamburger Jugendvollzug plötzlich mehrere Jugendliche nach Konfirmation und Taufe fragten. Die Überlegung nach der geeigneten Form war deshalb wichtig, weil die Betroffenen meist keinerlei Erfahrung mit Gottesdienst hatten und in der Anstalt auch keiner in herkömmlicher Form gefragt war. So ging der erste Versuch, den nur ein Neuling im Vollzug unternehmen konnte, dahin, eine Feier in der Ortskirche mit anschließendem Kaffeetrinken im Gemeindehaus zu veranstalten. Die Gemeinde fand das toll, organisierte den Kirchenchor und die Kaffeetafel, aber die Pleite war nicht aufzuhalten. Während nach dem Segen der Chor sang, entstand bereits Unruhe und beim Kaffee verschwanden umschichtig immer ein paar Konfirmanden. Schließlich feierten wir stereo: einige Angehörige und ein Jugendlicher ("Man kann das doch dem Pastor nicht antun") blieben im Gemeindehaus, die anderen waren in die nächste Kneipe abgewandert. Ein Anstaltslehrer, von einem Jugendlichen eingeladen, hielt die Verbindung zwischen beiden Schauplätzen. An ein früheres Zurückgehen war auch nicht zu denken: "Wir haben doch bis 18.00 Uhr!" Daß am Ende doch wieder alle an Land - sprich: in die Zelle - kamen, ist wohl in erster Linie dem Umstand zu verdanken, daß alle Mitleid mit der Gutmütigkeit des neuen Pastors hatten.

So ging es also nicht. Nächster Versuch: wenn ich Gottesdienst in der Männeranstalt nebenan hatte, die Jugendlichen in Begleitung von zwei Beamten mitnehmen, anschließend Kaffee und dann wieder zurück. Mit den Jugendlichen wäre das ganz gut gegangen, scheiterte aber bald an den Beamten. Erstens hatten die wenigsten Lust zu dieser Abordnung, zweitens gab es bald Probleme mit dem Dienstplan und den Überstunden. Und schließlich fühlte sich der eine oder andere von ihnen bemüßigt, sein Verständnis von Kirche und Konfirmation und, wie man sich da zu benehmen hätte, durchzusetzen, nicht immer in meinem Sinn. Also ging's auch so nicht lange.

Neue Idee: wir stellen die Konfirmandengruppe so zusammen, daß in absehbarer Zeit alle urlaubsgeeignet sind, dann können wir ohne Begleitung in die andere Anstalt; nach dem Gottesdienst Ausgang und Feier mit der Familie. Die Theorie war ganz vorzüglich, alle fanden das gut - nur: gemacht haben wir das lediglich ein einziges Mal. Urlaubssperre, fehlende Urlaubstage ("da habe ich nicht mehr dran gedacht"), Überhaft u. ä. standen der Theorie im Weg und sprengten die Gruppe. Also Konfirmation nur für den Rest? Sollten sich die anderen doch erst wieder ihre Urlaubsberechtigung erwerben! Das hieße aber doch: Konfirmation als Lohn für vollzugliches Wohlverhalten - und bei einigen hätte es mit Sicherheit nie geklappt. Das war also auch kein Weg. Es galt daher Abschied zu nehmen vom Kontext von Gemeinde und kirchlichem Raum als Symbolen, die mehr sein wollen als nur ein äußerlicher Rahmen: Wir sind übergegangen zu einer Familienfeier mit kirchlichem Einstieg.

Dabei sitzen wir in dem Raum, in dem wir uns sonst wöchentlich treffen, mit den Angehörigen um den Tisch. Auf einem Beistelltisch ist eine Art Altar aufgebaut mit einem schlichten Holzkreuz und zwei Kerzen. Die Feier läuft zunächst in der Form ab, die unten dargestellt wird. Eine reine Konfirmation hat schon lange nicht mehr stattgefunden, weil immer mindestens einer aus der Gruppe noch nicht getauft war. Im Anschluß daran gibt es dann eine der hinreichend bekannten Kaffeeschlachten, bei der die Angehörigen meist reichlich Zutaten mitbringen. Häufig entsteht dabei eine lockere Atmosphäre, in der man selbst über heikle Themen reden kann.

Der weitgehende Verzicht auf liturgische Teile hat mir zunächst Probleme bereitet. Aber es hat sich gezeigt, daß damit auch manche Peinlichkeit - besonders auch bei kirchenfremden Angehörigen - vermieden werden konnte und das Gespräch sich oft ohne Bruch fortsetzen ließ. Ich kann mit dieser Form inzwischen gut leben und mich auch voll mit ihr identifizieren.

In den zwölf Jahren seit Bestehen der Anstalt habe ich in manchem Jahr bis zu drei Feiern nach einer der dargestellten Formen praktiziert. Anfangs waren es Gruppen bis zu acht Jugendlichen, später (weil der Raum nur für 15 Personen ausreicht) kleinere mit jeweils drei bis vier. Es gab auch Jahre, in denen sich überhaupt nichts tat. Eine "Erfolgsbilanz" kann ich nicht vorlegen, weil die Kirchenbücher bei der Ortsgemeinde geführt werden. Aber so rund 120 Jugendliche werden es wohl in diesen Jahren gewesen sein.

Wäre noch nach der Motivation der Jugendlichen zu fragen. Ich habe bewußt nie Werbung gemacht und auch immer abgelehnt, mich für einen zusätzlichen Urlaub oder Ausgang aus Anlaß der Konfirmation einzusetzen. Ich habe nur auf Anfragen reagiert und dies auch zögernd, weil mir daran liegt, daß einer wirklich den entsprechenden Wunsch hat und sich nicht nur aus einer Laune heraus einen Gag leisten möchte.

Die direkten Antworten auf die Frage nach dem Grund sind allerdings meist wenig aufschlußreich. "Wir wollen mal in Weiß in der Kirche heiraten", war das häufigste Argument. "Ich habe mit Konfer schon mal angefangen und will das zu Ende bringen" oder "Ich zahle schon immer Kirchensteuer und will nun richtig dabei sein", sind andere. Wenn ich aber die Zwischentöne in den Gruppenstunden richtig gehört und gedeutet habe, steckt mehr hinter diesen vagen Formulierungen: der Wunsch, irgendwo - und in diesem Fall bei der Kirche - richtig und als vollwertiges Mitglied dazuzugehören, nicht wieder ein Randsiedlerdasein führen zu müssen. Vielleicht steht dahinter auch die unausgesprochene Hoffnung, daß gerade die Kirche der Ort sein könnte, wo eine Integration nach vielen negativen Erfahrungen mit der "Gesellschaft" am leichtesten zu erwarten ist. Bleibt die Frage, ob die Gemeinden dazu willens und in der Lage sind.

So sind auch meist die Gespräche in unserem "Konfer" gelaufen. Von den klassischen Themen war nicht viel gefragt. Natürlich konnten wir uns darüber verständigen, daß der "Oberste" unserer Kirche nicht in Rom sitzt und daß die Unterschiede zwischen evangelisch und katholisch sich nicht darin erschöpfen, daß die Pastoren der einen Sorte von Christen heiraten dürfen und die anderen nicht. Auch den Namen Martin Luther hatte der eine oder andere schon mal gehört. Wir konnten über die Bedeutung der kirchlichen Festtage reden, aber daß Christi Himmelfahrt etwas anderes ist als Vatertag und daß der Heilige Geist - wie schon in der Apostelgeschichte angedacht - nichts mit geistigen Getränken zu tun hat, war nicht immer sofort klar. Weit mehr waren unsere Themen im Sinn kirchlicher Erwachsenenbildung situations- und teilnehmerorientiert. Probleme wie etwa: "Wie wurde ich, was ich bin?", "Wie komme ich zurecht?" oder "Was kommt anschließend?" überwogen. Wenn dabei ein wenig von dem Wirklichkeit geworden ist, daß Gott jeden Menschen mit seinen Freuden, Sorgen und Ängsten ernst nimmt und ihn akzeptiert, wie er ist, dann war dieser Konfer kirchlicher Unterricht, auch wenn die "Erfolgskontrolle" erheblich schwieriger ist als beim Abfragen auswendig gelernter Sätze. Aber die Aussage mancher Rückkehrer, ob man nicht noch mal Konfer machen könne mit dem Zusatz: "Den Kaffee bring' ich mit", hat mir manchmal wieder Mut gemacht.

Ablauf des Gottesdienstes

Persönliche Begrüßung

Ansprache über Lk. 14,16-24

> (Ich habe bewußt die Lukas-Version gewählt und den Scopus dahingehend verändert, daß ich die warnende Funktion des Gleichnisses gegenüber dem positiven Aspekt verkürze.)

Er schleppt sich am Straßenrand dahin und macht sich Gedanken, wie er wohl diesen Tag überleben kann. Keiner nimmt groß Notiz von ihm, er muß sich mit Betteln durchschlagen. Manchmal gibt ihm jemand in der Stadt zu essen - aus Mitleid. Aber er weiß: zu denen gehöre ich nicht. Er merkt es, wenn die Bürger an ihm vorbeigehen. Ihre Blicke und Bemerkungen sagen alles. Was kann er dafür, daß er nicht fit ist wie die anderen und sich nicht sein Brot verdienen kann! Er ist behindert, lahm und deshalb nicht "brauchbar". Er hat sich daran gewöhnt und auch daran, daß es drei Gruppen von Menschen gibt: die einen, die in der Stadt das Sagen haben, die das Geschehen bestimmen. Aber die kennt er nicht, nur mal ihren Namen hat er gehört. Dann die anderen, die normalen Bürger, die ihr Leben selbst gestalten können, weil sie leistungsfähig, und damit brauchbar sind. Und schließlich Leute wie er, die man verachtet und mit Mißtrauen beäugt. Er weiß, daß er allein ist.

Doch eines Tages kommt einer und fordert ihn auf, mitzukommen. Einer der führenden Leute in der Stadt gibt ein Fest und hat ihn eingeladen. Voll Mißtrauen hört er dies. Ob das nicht eine Falle ist? Ob man die Nutzlosen nicht wieder einmal von der Straße weghaben will? Aber schließlich läßt er sich überreden mitzukommen. Der Bote bringt ihn zu einem der vornehmsten Häuser und führt ihn in einen festlich hergerichteten Saal. Das sieht alles nach einem wirklichen Fest aus. Aber sein Mißtrauen bleibt. Was haben die mit mir vor? Er wird an einen feierlich gedeckten Tisch geleitet, die Bediensteten tragen Essen und Getränke auf und, als der Hausherr erscheint, begrüßt er alle freundlich - keine Vorwürfe, keine Vorschriften, nichts dergleichen! Im Gegenteil! "Ich habe Grund zur Freude und möchte ein Fest gestalten. Ihr sollt meine Gäste und Freunde sein. Die anderen, die ich erst eingeladen hatte, haben Wichtigeres zu tun. Sie wollen nicht an meiner Freude teilhaben. Ich freue mich über euch."

Die Überraschung ist groß. "Wie komme ich ausgerechnet dazu, hier zu sein?", denkt unser Mann. "Wo ich doch oft über die Bonzen gelästert und denen manches an den Hals gewünscht habe! Seltsam, der muß mich mögen! Verdient habe ich dies alles jedenfalls nicht." Als er langsam wieder seine Fassung findet, sieht er sich um und bemerkt die anderen, die mit an den Tischen sitzen. Manchen kennt er, viele Fremde sind dabei und auch welche - nein, mit denen möchte er eigentlich nicht an einem Tisch sitzen. Er will schon aufstehen, sich beschweren und deutlich machen, daß er ja auch noch seinen Stolz hat. Aber da überlegt er erneut, daß ja auch er kein Recht hat, hier zu sein. Ist er etwa besser als so manch anderer? So beruhigt er sich wieder und kommt schließlich mit dem einen oder anderen ins Gespräch, mit dem er sonst nicht gesprochen hätte. Die Freude über die Einladung läßt ihn über manches hinwegsehen, und er stellt bald fest, daß die anderen eigentlich ganz anders sind, als er sich das gedacht hat. Sie können nett sein - gewiß, sie sind alle keine Engel; aber ist er selber einer? Sie sind Freunde des Gastgebers geworden. Das ist die Wende ihres Lebens! Da werden die menschlichen Unterschiede unbedeutend. Und schließlich feiern sie gemeinsam und sind fröhlich.

Jesus hat diese Geschichte erzählt, und will mit ihr zwei Seiten unseres Glaubens deutlich machen:

Christlicher Glaube ist wie eine Einladung. Es geht nicht um eine Reihe von Vorschriften und Pflichten, die gefordert werden. Man muß nicht auf eine Menge schöner Dinge verzichten, wenn man an Gott glauben möchte, sondern Gott bietet seine Freundschaft an und lädt uns ein, dabei zu sein. Keiner ist bei ihm außen vor, der diese Einladung annimmt.

Man kann diese Einladung auch ablehnen. Gott zwingt keinen. Unser Mann hätte ablehnen können, so wie die zuerst eingeladenen Gäste abgelehnt haben. Sie hatten "Wichtigeres" zu tun. Die Einladung hat sie nicht interessiert. Sie leben weiter wie bisher ihren Alltag, haben ihre kleinen Freuden und Sorgen. Aber sie sind nicht dabei. Bei dem großen Ereignis fehlen sie. Das Erlebnis, das unseren Mann umgeworfen hat, geht an ihnen vorbei. Sie bleiben allein und haben nur ihre kleine Welt. Nichts weiter. Er dagegen ist bei einem Fest und hat einen Freund gefunden.

Lesung (etwa Röm. 8,31-35.37-39)

Taufbefehl

Credo in neuer Form

Taufhandlung

Gebet - Vaterunser - Segen

Werner Wendeberg

Erwachsenentaufe im Gefängnis

Vorbemerkung

Wenn ein Gefängnispfarrer berichtet, daß er einen Erwachsenen in der Gefängniskirche getauft hat, könnte dies das Mißverständnis nahelegen, als werde hier von einem "Erfolg" berichtet. Damit dies nicht geschieht, sei von vornherein betont: Die Taufe eines Erwachsenen ist für mich nicht Ziel meines Dienstes. Ich empfehle nicht von mir aus, sich taufen zu lassen, und begegne auch dem Wunsch nach einer Taufe zunächst kritisch. Der Gefangene soll durch die Taufe nicht mir einen Gefallen tun und wissen, daß er es "draußen" als Getaufter auch in Kirchengemeinden nicht leichter hat als ein Nicht-Getaufter. Taufe bringt keine vordergründigen Vorteile.

Solche kritischen Überlegungen gelten erst recht, wenn ein Ausländer, etwa ein Moslem, sich unter dem persönlichen Eindruck eines hilfsbereiten Gesprächspartners, den er als Christen schätzen lernt, wünscht, getauft zu werden. Gemeinsame Überlegungen, welchen Stellenwert die frühere religiöse Sozialisation für diesen Gefangenen derzeit noch hat, welchen Bedrohungen und Gefährdungen er möglicherweise künftig als Christ in einer nichtchristlich geprägten Umwelt ausgesetzt sein wird, sollten in aller Ruhe und ohne Zeitdruck besprochen werden können. Auch jener Äthiopier, von dem in der Apostelgeschichte berichtet wird, hatte einen sehr langen Weg hinter sich und fragte auch: "Was hindert's, daß ich mich taufen lasse?" (Apg. 8,36).

Auf diesem Hintergrund einer kritischen Beurteilung vorschneller Bekenntnisse und ebenso schneller Enttäuschungen möchte ich von dem Weg berichten, den ich mit einem heute 34-jährigen Jordanier während zweieinhalb Jahren zurückgelegt habe. Seine Taufe konnten wir miteinander als schönes Fest fast familiär als "Brüder und Schwestern" feiern, heiter und gelöst nach einem oft mühsamen Weg, vertrauend, den weiteren Weg finden und bestehen zu können.

Der Lebensweg des Täuflings

R. wurde 1948 in einer Beduinenfamilie geboren, wuchs in Jordanien auf, war als fanatisierter Jugendlicher mehrere Jahre bei der palästinensischen Befreiungsbewegung PLO und wurde deshalb als 24-jähriger von einem jordanischen Militärgericht in Abwesenheit zum Tode verurteilt, konnte aber über Ost-Berlin in die Bundesrepublik entkommen.

1976 heiratete er hier eine Deutsche, hat mit ihr eine Tochter und fand erste Kontakte zum Christentum. Den Lebensunterhalt verdiente er als Bauhelfer. Als er begann, mit "Freunden" Heroin zu nehmen und bald abhängig wurde, verlor er zunächst die Arbeit, dann auch die Familie (Scheidung 1980). Zwar kam auf seine Fürsprache hin sein etwa sieben

Jahre jüngerer Bruder auch in die Bundesrepublik nach, doch konnte R. als Drogenabhängiger nicht seiner Verantwortung für diesen Bruder gerecht werden. Seine Selbstvorwürfe und die Zuspitzung des Drogenproblems wurden noch größer, als dieser Bruder irrtümlich bei einer Polizeikontrolle durch einen Schuß in den Hinterkopf schwer verletzt wurde. Die Schadensersatzklage ist noch nicht abgeschlossen; nach vielen Rehabilitationsmaßnahmen wurde ihm aber eine Unterbringung in einem Pflegeheim ermöglicht.

Bei dieser Sachlage war wie selbst das Gericht feststellte der "seelisch sehr labile" R. für einen V-Mann der Polizei ein leichtes Opfer, für angebotene 70.000 DM ein Kilo Heroin zu besorgen; außerdem waren ihm von diesem V-Mann Arbeit und 50 Gramm Heroin zum Eigenbedarf versprochen worden. R. wurde bei der Übergabe des Heroins im Herbst 1980 festgenommen und kam in die JVA Darmstadt.

Hier lernte ich ihn persönlich kennen, zunächst noch mit Bart und langen Haaren und großer innerer Unruhe, voller Angst um seinen Bruder und um seine drogenabhängige Freundin, auch vor den mitangeklagten Türken. Er fand in dieser Zeit Vertrauen zu mir, auch zu den Mitarbeitern der Drogenberatung, des Sozialdienstes und des psychologischen Dienstes. Solche "Behandlungsmaßnahmen" über gut zwei Jahre hinweg führten dazu, daß er selbst innerlich ruhiger wurde, sich eigene Ziele setzte, von sich aus Kleidung und Haartracht änderte, sich von der Freundin trennen konnte, endlich auch arbeiten durfte als Hausarbeiter, zwar noch ohne Bezahlung, aber allgemein anerkannt. Hilfreich war sicher, daß ich die Genehmigung erhielt, zweimal seinen Bruder zu einem dreistündigen Besuch den weiten Weg in die JVA holen und zurückbringen zu können, und er sich einen persönlichen Eindruck vom Gesundheitszustand des Bruders machen konnte und es als Gebetserhörung empfand, daß sein Bruder wenigstens wieder einigermaßen laufen, die linke Hand wieder benutzen und wieder klar denken kann.

Nach zweieinhalb Jahren Untersuchungshaft ist das Urteil gegen R. (acht Jahre wegen Verstoß gegen das Betäubungsmittelgesetz) nun rechtskräftig. Sein Wunsch, diese Strafe - abweichend vom Vollstreckungsplan aus Behandlungsgründen - in der JVA Darmstadt verbüßen zu können, wird voraussichtlich aber nicht erfüllt werden können. Was dann werden wird, ist noch ungewiß. Die für ihn "zuständige" JVA ist 150 km entfernt.

Taufvorbereitung

Als R. mich vor gut einem halben Jahr nach mehreren persönlichen Gesprächen, regelmäßiger Teilnahme an einer Gesprächsgruppe und regelmäßiger Gottesdienstteilnahme nach näheren Informationen über den christlichen Glauben fragte, habe ich ihn zunächst an den "Orientdienst e.V." in Wiesbaden verwiesen und ihm das Buch "Allah, unser Vater" zu lesen gegeben, dann auch die Bibel in arabisch und deutsch geschenkt.

In der nächsten Zeit ging R. kaum noch zu Freizeitveranstaltungen, las viel über Christentum und Islam, bekam auf der Station Ärger mit Moslems, mit denen er über Religion diskutierte. Ich wurde mir sicher, daß es sein persönliches Fragen und Suchen war und nicht irgendwelche Nützlichkeitserwägungen, die ihn schließlich mich fragen ließen, wie ein Moslem Christ werden könne und wie das mit der Taufe wäre. Als ich ihn daraufhin fragte, was ihn denn am Christentum beeindruckte, nannte er Nächstenliebe, Vertrauen und Toleranz. In einem Brief schrieb er einmal in Anlehnung an das Glaubenszeugnis eines anderen Moslems, der Christ geworden war, und von dem er in einer Schrift des Orientdienstes gelesen hatte: "Ich habe Jesus Christus erwählt. Ich weiß, daß Er lebt und daß Er im Leben jedes Menschen wirken kann. Was ich in Christus gefunden habe, fand ich nicht im Islam. Gott ist ein Gott der Liebe. Er hat diese bewiesen, indem Er sich selbst in seinem Sohn uns gegeben hat. Ich habe staunend begriffen, daß es einzigartig persönliche Beziehungen zwischen Gott und dem Glaubenden gibt, eine Gemeinschaft der Liebe, die dem Leben eines Menschen Sinn und höchste Erfüllung bringt."

Ein andermal erzählte er, daß er sich nicht schäme, den Moslems zu sagen, daß er sich taufen lasse, auch wenn sie ihn nun schneiden und verachten würden. Und er fragte, ob ich ihn nicht ein paar Texte aus der Bibel auswendig lernen lassen könnte. Ich nannte ihm Vaterunser, Seligpreisungen und, da er vom Sich-nicht-schämen gesprochen hatte, Röm. 1,16. Diese Stelle ließ ich ihn auch in arabisch lesen.

Später erzählte er mir einmal, daß ihn die Geschichte von dem reichen Jüngling so beeindruckt hätte, weil die Liebe zu den Menschen und zu Jesus ihm wichtiger gewesen sei als sein Geld. Als ich korrigierte, daß er gerade das ja nicht geschafft hätte, und R. den Schluß der Geschichte nachlas und nun auch verstand, war er sehr enttäuscht, daß die Geschichte nicht "gut" ausgeht.

Bei einem weiteren Gespräch überlegten wir, ob er lieber bei dem vierzehntägigen U-Haft-Gottesdienst oder in einem besonderen Taufgottesdienst getauft werden möchte. Es kam mir sehr entgegen, daß er eher für eine familiäre Tauffeier war und sein Bekenntnis nicht als Demonstration mißverstanden wissen wollte.

Inzwischen hatte R. den Wunsch, ein Kreuzigungsbild als Collage zu gestalten. Bei den Arbeiten dazu fragte er mich nach einem "richtigen" Kruzifix. Ich bot ihm an, ihm zur Taufe ein kleines Silberkruzifix zum Umhängen zu schenken, worüber er sich sehr freute. Überhaupt merkte ich, wie sehr ihn Bilder ansprachen und beschäftigten. Das Neue Testament "Gute Nachricht" in der großen Ausgabe mit Farbfotos der biblischen Stätten empfand er als ganz großes Geschenk. Mit erstaunlicher Ausdauer studierte er solche Bücher und Bilder und stellte Fragen dazu, die er auf einem Zettel notierte, bis ich ihn wieder einmal besuchte und mit ihm Kaffee trinken und reden konnte.

Tauffeier

Teilnehmer waren: der 34-jährige Täufling R., ein moslemischer Cousin, seine frühere Hauswirtin und deren Tochter, zwei Mitgefangene, zwei ehrenamtliche Mitarbeiter der JVA, Pfarrer i.R. Höpfner vom "Orientdienst e.V.", die Organistin, meine Familie. Da R. damals noch nicht rechtskräftig verurteilt war, habe ich seinen zuständigen Richter und den Leiter der JVA von der Taufe und über die teilnehmenden Gäste informiert. Kleidung des Täuflings: Privatanzug.

Die Tauffeier fand in der Gefängniskirche am Sonntagnachmittag statt. Über den Gottesdienstablauf informierte ein Blatt, das jedem Teilnehmer ausgehändigt wurde und das der Agende ("Erwachsenentaufe als selbständiger Gottesdienst", hrsg. vom Leitenden Geistlichen Amt der Ev. Kirche in Hessen und Nassau) folgt, ergänzt um die Abendmahlsfeier nach der Taufe. Zusätzlich sprach Pfarrer Höpfner nach der Taufhandlung noch ein längeres Grußwort.

Im Anschluß an die Taufe feierten wir noch etwa zwei Stunden in gemütlicher Runde bei Kaffee und Kuchen in einem der Schulräume im Verwaltungstrakt der JVA.

Taufansprache

R., du hast dich als Erwachsener entschieden, dich taufen zu lassen. Die meisten von uns, die an deiner Taufe teilnehmen und mit dir feiern, wurden bereits als Säuglinge getauft. Wir haben keine Erinnerung mehr an unsere Taufe, erleben aber heute mit, was die Taufe eines Menschen für dich und auch für uns bedeutet.

Wie du weißt, war es am Anfang des Christentums überhaupt üblich, daß Erwachsene so wie du die Taufe wünschten. So wird im Neuen Testament z. B. erzählt, wie Jesus sich taufen ließ und Gott sich in der Taufe zu ihm bekennt; oder wie der Finanzminister aus Äthiopien nach einer langen und fast vergeblichen Reise von Jesus erfährt, sich kurz entschlossen taufen läßt und dann endlich erleichtert und fröhlich seine weite Reise nach Hause fortsetzt.

Die Bedeutung der Taufe verstehen wir alle vielleicht am besten, wenn ich erzähle, wie man dann in der Urgemeinde, also bei der ersten christlichen Gemeinde, einen Erwachsenen getauft hat. Der Täufling legte sein Bekenntnis ab, so wie du nachher, stieg dann an der linken Seite über mehrere Stufen, vorbei an einer Inschrift "hinab in den Tod", in ein Wasserbecken hinein, tauchte dreimal im Wasser, dem Zeichen für "Leben", unter und stieg dann rechts über mehrere Stufen, vorbei an der Inschrift "hinauf zum Leben", wieder aus diesem Wasserbecken heraus. Nun erhielt er neue Kleider und zu essen und zu trinken und konnte ganz unmittelbar einen neuen Lebensanfang spüren.

Ich denke, daß dein Lebensweg auch ein Weg ist, ein sehr langer Weg, hinunter in Todesangst und Flucht vor dem Todesurteil, auch durch die Erfahrung des Versagens und der eigenen Schuld, nun aber doch ein Weg hinauf zu einem neuen Leben und einer guten Zukunft. Du bekennst dich dabei zu dem Gott, der mit dir diesen Weg geht, der dich frei macht von Ängsten und dir Kraft zu einem neuen Leben gibt, das vor dir liegt. Und dabei kannst du sogar auch anderen davon erzählen. Du hast mir gesagt, daß du dich nicht schämst, davon zu erzählen, daß du getauft werden willst und keine Angst vor Schwierigkeiten hast. Du machst dabei eine Erfahrung, die der Apostel Paulus in seinem Brief an die Gemeinde in Rom (Röm. 1,16) so beschreibt: "Ich schäme mich des Evangeliums von Christus nicht; denn es ist eine Kraft Gottes, die alle rettet, die daran glauben."

Das vor dir liegende Leben wird bestimmt nicht ohne Probleme sein. Aber du wirst es mit einer neuen Kraft, einer Kraft von Gott und in der Gemeinschaft von Menschen, die dich in ihre Mitte aufnehmen wie einen Bruder, bestehen können. Ich wünsche dir, daß du immer wieder in deinem Leben Mut und Zuversicht findest in der Überzeugung, daß das Evangelium von Jesus Christus und die Zuwendung Gottes dir ganz persönlich gilt.

Nachbemerkung

R. hat mir einige Tage nach der Taufe erzählt, wie gut ihm meine Worte getan hätten, daß er nun wie ein Bruder zu uns gehöre. Das kleine Silberkreuz an der Halskette trägt er seit der Taufe jeden Tag. Das gerahmte Bild der Ikone "Taufe Christi" von dem Taufgottesdienstblatt steht auf dem Tisch in seiner Zelle. Zur Zeit liest R. die Apostelgeschichte und hat immer neue Fragen. Auch wie das mit Luther gewesen sei, habe ihm ein Mitgefangener erklärt, berichtet er mir. Wir sind beide traurig, daß er demnächst in die zuständige Anstalt verlegt werden soll. Das größte Problem aber ist, daß R. befürchten muß, nach Verbüßung von zwei Dritteln seiner Strafzeit auf Antrag der Ausländerbehörde dorthin abgeschoben zu werden, wo er zum Tode verurteilt wurde.

Herbert Koch

Beerdigung eines Gefangenen

Todesfälle sind in einer Vollzugsanstalt immer ein Ereignis, das in besonderer Weise verstärkend auf die im Gefängnis vorherrschenden Stimmungslagen wirkt, die durch stark depressive und regressive Tendenzen geprägt sind. In einem Gruppengespräch mit Gefangenen zu diesem Thema war das Wort "Ohnmacht" der meistgebrauchte Ausdruck zur Beschreibung der eigenen Gefühlslage beim Tod eines Mitgefangenen, insbesondere wenn es sich um einen "normalen" Todesfall, also nicht einen Suicid handelt, der einem noch die Möglichkeit läßt, schnell Abstand zu gewinnen, indem man sich sagt, daß man das selbst nie tun werde.

Wer im Gefängnis stirbt, stirbt in der Regel allein, in jedem Fall fern von Angehörigen oder sonst ihm nahestehenden Menschen; unter Umständen hinter einer verschlossenen Tür, die sich vielleicht erst Stunden später routinemäßig öffnet. Und wer im Gefängnis stirbt, der hat die Prognose, die ihm vielleicht von manchem gestellt wurde, daß er einmal hinter Gittern enden werde, ganz buchstäblich erfüllt.

Wem dies alles einmal unabweisbar ins Bewußtsein dringt, dem wird das ganze Maß an Ausgeliefertsein und Hilflosigkeit bewußt, das seine Lage als Strafgefangener kennzeichnet. Erfahrungen mit der oft mangelhaften ärztlichen Versorgung werden wach und das auf mancherlei Erfahrungen beruhende Wissen, daß man auch im Krankheitsfalle immer noch zuerst Gefangener und dann erst Patient ist. Und dies angesichts zweifellos in der Haft erhöhter Anfälligkeit, insbesondere gegenüber allen Erkrankungen, die dem psychosomatischen Bereich zuzuordnen sind. Lebenslängliche können sich hier geradezu wie in einem auf Grund gelaufenen U-Boot fühlen.

Vor diesem Hintergrund kommt es beinahe notwendigerweise im Zusammenhang mit Todesfällen sehr schnell zu Gerüchten über gleichgültiges, nachlässiges Verhalten oder gar fahrlässige Versäumnisse des Vollzugspersonals, die sich im einen oder anderen Falle auch auf reale Erfahrungen beziehen können.

Aber nicht nur auf Seiten der Gefangenen, auch bei den Bediensteten sind spezifische Reaktionen zu beobachten, wobei hier dem Suicidfall, der ja statistisch im Gefängnis auch überdurchschnittlich häufig ist, die größere Bedeutung zuzukommen scheint. Er löst auf seiten der Bediensteten offenbar größere Betroffenheit als der reguläre Todesfall aus, weil der Anklageteil, den jeder Suicid enthält, spürbar wird und nicht von jedem leicht abzuwehren ist. Auch in makaber salopppen oder gar brutalen Bemerkungen kann sich diese schlecht funktionierende Abwehr ausdrücken.

Es liegt bei alledem auf der Hand, daß der Pfarrer im Gefängnis seinerseits in bewußter und angemessener Weise auf Todesfälle, gleich welcher Art, reagieren muß, wofür sich in jedem Falle eine Bezugnahme im Fürbittengebet des nächsten Sonntagsgottesdienstes als eine geeignete Form anbietet. Dabei kann er sich im Einzelfall auch den Unmut der Anstalt zuziehen, einen Todesfall unter den Gefangenen erst richtig publik gemacht zu haben. Dies muß er in Kauf nehmen. Unter besonderen Umständen kann auch die Beerdigung in die Zuständigkeit des Anstaltspfarrers fallen.

Die Beerdigung eines Gefangenen, zu der die unten wiedergegebene Ansprache gehalten wurde, war mit folgender Vor- und Nachgeschichte verbunden:

Der Gefangene, 24 Jahre alt und wegen Eigentumsdelikten zu einer mittleren Haftstrafe verurteilt, war nach einem abendlichen Fußballspiel auf dem Freigelände der Anstalt in seiner Zelle kollabiert. Als er aufgefunden wurde, konnte nur noch der Tod festgestellt werden. Nach Aussage von Mitgefangenen hatte er sich beim Fußballspielen kräftemäßig überdurchschnittlich verausgabt; die amtliche Untersuchung ergab außerdem das Vorliegen einer noch nicht erkannten Virusinfektion.

Die ca. 50 Kilometer entfernt wohnenden Eltern wurden von der Anstaltsleitung verständigt und um Entgegenahme der persönlichen Habe des Verstorbenen und Abwicklung der Beerdigungsformalitäten gebeten. Dabei ergab sich, daß die Eltern nicht bereit waren, die Kosten für eine Überführung des Sohnes an den Heimatort zu übernehmen. Da das am Anstaltsort zuständige Sozialamt zwar die Beerdigungskosten, nicht aber die Überführungskosten trägt, wurde der Verstorbene infolgedessen am Anstaltsort beigesetzt. Da hier kirchlicherseits keine ortsgemeindliche Zuständigkeit gegeben war, fiel die Beerdigung mir als dem Anstaltspfarrer der Konfession des Verstorbenen zu.

Dieser war mir persönlich nicht bekannt gewesen, so daß schon aus diesem Grunde ein Hausbesuch bei den Angehörigen selbstverständlich gewesen wäre. Die Information über die Weigerung des Vaters, die Kosten für eine Überführung an den Heimatort zu übernehmen, löste jedoch in mir eine mir sehr bewußte, negative Voreingenommenheit gegenüber den Eltern aus. Ich beschloß deshalb, keinen Trauerbesuch zu machen, zumal mir nur noch wenig Zeit bis zum Beerdigungstermin blieb und die Eltern auch keinen entsprechenden Wunsch geäußert hatten. Ich informierte mich stattdessen über den Verstorbenen bei Gefangenen und Bediensteten, die ihn zum Teil schon länger und recht gut gekannt hatten.

An der Trauerfeier nahmen die Eltern und zwei jüngere Geschwister des Verstorbenen teil sowie zwei jüngere Anverwandte, zwei Vollzugsbeamte aus dem Hause, in dem der Verstorbene untergebracht war, und zwei Gefangene, die zu diesem Zweck einen Sonderausgang erhalten hatten.

Einer der Beamten erhielt nach der Beerdigung vom Vater des Verstorbenen einen Zwanzigmarkschein ausgehändigt, mit der Bitte, diesen bei einem anschließenden Gaststättenbesuch mit den beiden Gefangenen für diese auszugeben. Zu diesem Gaststättenbesuch wurde ich von den Beamten mit eingeladen und nahm auch daran teil. Dabei herrschte eine angenehme, persönliche Atmosphäre, die vorübergehend auch die unsichtbaren Grenzen zwischen Bediensteten und Gefangenen auflöste.

Daß ich die Eltern nicht besucht habe, hat bei mir bis heute ein bestimmtes Unbehagen hinterlassen. Es wäre sicher richtig gewesen, ihr Verhalten zunächst einmal als Ausdruck einer starken persönlichen Überforderung aufzufassen und in diesem Sinne in einem Gespräch zu thematisieren. Daß ich mich dem nicht gestellt habe, erkläre ich mir rückblickend als einen Reflex auf die häufige Konfrontation mit der oft sehr hilf- und hoffnungslosen Situation von jungen Gefangenen, deren Angehörige sich von ihnen losgesagt haben. So ist dieser Vorgang ein Beispiel dafür, daß der Seelsorger im Gefängnis keineswegs nur davon ausgehen kann, daß sich ihm hier neue, ungewohnte und ungeahnte Zugänge zu Menschen und ihren Problemen eröffnen, sondern daß er ebenso auch mit nicht unproblematischen Beeinträchtigungen seiner persönlichen Möglichkeiten rechnen muß.

Ansprache

"Kauft man nicht zwei Spatzen für einen Groschen? Und doch fällt kein Spatz auf die Erde, ohne daß euer Vater es zuläßt." (Mt. 10,29)

Wenn ein Menschen stirbt, den wir gekannt haben, oder der uns vielleicht sogar nahegestanden hat, dann ist das immer ein Ereignis, das Trauer in uns auslöst und auch eine bestimmte Betroffenheit dadurch, daß uns selbst dabei ins Bewußtsein dringt, woran wir sonst kaum denken: daß auch unser eigenes Leben nicht unbegrenzt ist. Wenn aber ein Mensch in sehr jungen Jahren stirbt, dann ist unsere Betroffenheit besonders groß, zumal ein früher Tod in der Regel überraschend und unerwartet kommt und wir uns deshalb innerlich nicht darauf haben vorbereiten können.

24 Jahre, das ist ein Alter, wo Ältere jüngeren Menschen, wenn sie einmal deprimiert sind und sich innerlich mit Problemen herumschlagen, gern sagen, sie möchten doch daran denken, daß sie ihr ganzes Leben noch vor sich haben und deshalb nicht alles so ernst nehmen. Sagt man so. Und dann ist da einer, bei dem ist es auf einmal schon vorbei, das ganze Leben.

Was soll man nun sagen? Und was soll man sagen, wenn es sich auch noch um einen Menschen handelt, der in seinem kurzen Leben schon wiederholt Anlaß gegeben hat, daß die Justizbehörden nach ihm gegriffen haben?

Nun, in meiner Ausbildung habe ich gelernt, und es hat mir eingeleuchtet, daß man am Grabe Gutes reden soll. Und als ich mich mit einigen, die den

Verstorbenen gut kannten, über ihn unterhalten habe, weil ich ihn persönlich nicht gekannt habe, habe ich auch viel Gutes gehört. Er war ein freundlicher, hilfsbereiter Mensch, wurde mir gesagt, der stets ein bestimmtes Verantwortungsbewußtsein für die Menschen um ihn herum zeigte. Wer ihn beim Sport, seinem großen Hobby, beobachtete, konnte bemerken, daß er nicht eigensüchtig, sondern ein fairer und solidarischer Mitspieler war. Und weil er so war, gab es auch keine Bedenken, ihm eine Vertrauensstellung zu übertragen. Und weil das so war, fragt man sich dort, wo er zuletzt war, gelegentlich auch, wie das eigentlich hat kommen können, daß er dorthin gekommen ist.

Ich habe mir darüber auch einige Gedanken gemacht, und dabei ist mir aufgefallen, daß in den Gesprächen, die ich über ihn geführt habe, immer wieder zu hören war, der Fußballsport sei seine ganz große Leidenschaft gewesen. "Der Fußball war sein ganzer Lebensinhalt", sagte mir jemand. Mir ist das sehr haften geblieben und hat mich beschäftigt. Zunächst einmal ist das ja eine ganz normale Sache: Millionen von Menschen interessieren sich sehr für den Fußballsport. Aber wenn man von einem Menschen sagen kann, das sei sein Lebensinhalt gewesen, dann denke ich, muß man doch fragen, was ihm wohl sonst alles gefehlt hat in seinem Leben, das ihm ein wirklicher, echter, ihn ausfüllender und befriedigender Lebensinhalt hätte sein können. Da hat es sicher große Defizite gegeben, und es haben ihm wohl Menschen gefehlt, die ihm da etwas hätten geben können oder die ihm selbst ein Stück Lebensinhalt hätten sein können. Hätte er das gehabt, vielleicht wäre manches anders gelaufen.

Wir jedenfalls - das, denke ich, kann und muß uns dabei deutlich werden - haben nicht zu richten, sondern zu verstehen, soweit wir es können, und haben uns am Sarge dieses Menschen auf die Barmherzigkeit Gottes zu besinnen, von der uns in der Bibel gesagt wird, wieviel größer als unsere menschlichen Maßstäbe sie ist, und daß aus ihr niemand herausfallen kann. Diese Größe und Barmherzigkeit Gottes kommt in dem Wort Jesu zum Ausdruck, daß kein Sperling zur Erde falle, ohne daß Gott es weiß. Nicht als der größte Computer aller Zeiten wird Gott damit beschrieben, sondern als einer, der nichts, was einmal in seiner Schöpfung gelebt hat, in die Sinnlosigkeit verloren gehen läßt.

Es stirbt mancher große und bedeutende Mann, und sein Leben wird festgehalten in Geschichtsbüchern, und man redet noch oft und lange davon. Und es sterben Millionen, die bei den Menschen vergessen werden. Aber Gott kennt sie und läßt niemanden verloren gehen. Darauf hoffen wir und bitten Gott, uns in diesem Glauben zu bewahren.

Peter Kratz

Gottesdienst nach dem Freitod eines ausländischen Gefangenen

Die Situation

Cuma starb in der Nacht vom 19. auf den 20. September 1982. 22 Jahre alt. Er hatte sich in seiner Zelle erhängt. Sein Tod löste bei seinen Mitgefangenen starke Betroffenheit aus. In zahlreichen Begegnungen spürte ich die Rat- und Hilflosigkeit vieler Inhaftierter, aber auch die sich bei manchen breitmachende Versuchung, eilig Schuldige für diesen Tod zu finden und beim Namen zu nennen. Dieser Erfahrung korrespondierte eine auf seiten der Mitarbeiter verbreitete Haltung, die durch die Stichworte "Betriebsunfall", "Absicherung", "Gleichgültigkeit" charakterisert werden kann.

Wie bereits früher bei "besonderen Vorkommnissen" auch, ist im folgenden Sonntagsgottesdienst dieses Ereignis thematisiert worden. Das entspricht dem Bedürfnis vieler Gefangener und ist für mich selbstverständlicher Teil einer verantwortlichen und praxisbezogenen seelsorgerlichen Begleitung.

Ein Mitglied der türkischen Gesprächsgruppe, die ich wöchentlich abhielt, bot sich an, die von mir geplante Ansprache für seine Landsleute zu übersetzen und im Gottesdienst zu verlesen.

Der Gottesdienst

Der Gottesdienst am 26. September war außerordentlich gut besucht; von den immer eingeladenen türkischen Gefangenen waren alle anwesend.

Nach der Verlesung und kurzen Auslegung des Wochenspruchs, "Jesus Christus hat dem Tod die Macht genommen und das Leben und ein unvergängliches Wesen ans Licht gebracht" (2. Tim. 1,10), schon mit Bezugnahme auf Cumas Tod, folgte ein kurzes Gebet und anschließend ein meditatives Musikstück. Die Verlesung dreier knapper Texte zum Thema Tod schloß sich an.

Die Ansprache wurde, nachdem ich sie gehalten hatte, in gekürzter Fassung auf türkisch verlesen. Nach einem weiteren meditativen Musikteil folgten abschließend Gebet, Vaterunser und Segen.

Eine unerhörte Aufmerksamkeit und eine für ein Jugendgefängnis gespenstische Ruhe waren während des gesamten Gottesdienstes zu spüren. Die persönliche Betroffenheit aller Anwesenden war offenkundig.

Mit einer Kleingruppe von acht Gefangenen saß ich nach dem Gottesdienst noch eine Weile zusammen. Mein Eindruck: man konnte jetzt offener dem schweren Ereignis begegnen, ohne sich vorschnell in Schuldzuweisungen zu flüchten; eine Spur von Trost hatte die Teilnehmer berührt.

Meine Beziehung zu Cuma

Ich kannte den Gefangenen nur oberflächlich. Ein intensives Einzelgespräch hatte ich mit ihm nicht geführt. Zur türkischen Gesprächsgruppe gehörte er nicht. Mehr zufällige Begegnungen während der Freistunde und an seinem Arbeitsplatz in der Anstalt hatten nur ein schwaches, relativ konturenloses Bild von ihm bei mir zurückgelassen. Gelegentlich nahm er am Gottesdienst teil.

Auf seinem Zellentisch hatte Cuma einen Abschiedsbrief hinterlassen. Er war an mich adressiert und enthielt den Wunsch nach einem christlichen Begräbnis.

Mit seiner Ehefrau und seinen Eltern hatte ich ein intensives Trauergespräch. Es gelang mir nicht, bei ihnen Verständnis für seinen letzten Willen zu erlangen. Die Angehörigen bestanden darauf, die Leiche in die Türkei überführen und dort beisetzen zu lassen. Sowohl das türkische Generalkonsulat als auch der zuständige Staatsanwalt sahen sich außerstande, gegen die Interessen der "Rechtsnachfolger" zu handeln. So blieb nur, dem letzten Wunsch von Cuma in der Weise zu entsprechen, daß im Rahmen eines christlichen Gottesdienstes seines Todes gedacht und er der Treue und Barmherzigkeit Gottes empfohlen wurde.

Ansprache

Cuma ist tot. Viele Monate lebte er unter uns. Anfang nächsten Jahres hätte er Endstrafe gehabt. Sein Zweidrittel-Zeitpunkt war vor fast einem Jahr, und Cuma hätte entlassen werden können. Er wollte nicht. Seine Ausweisung in die Türkei war rechtskräftig. Und eben dorthin wollte er um keinen Preis.

Seine Eltern, deren einziges Kind er war, seine Ehefrau, die er im Jahre 1978 heiratete, seine Freunde lebten in der Bundesrepublik, wohin er 1977 von seinen Eltern nachgeholt wurde. Ob er Deutschland liebte, weiß ich nicht; jedenfalls war die Türkei nicht mehr seine Heimat. Auch seine Frau und Familie waren für ihn keine Heimat mehr. Seit acht Monaten hatte er von sich aus die Verbindung zu seinen Angehörigen abgebrochen, hatte sich zurückgezogen - auch von seinen türkischen und deutschen Mitgefangenen.

Cuma war allein, mit sich, mit seinen ungelösten Fragen, seiner Angst vor der Zukunft. Keiner von uns ahnte die Tiefen seiner Qualen, die Ausweglosigkeit seiner Situation. Wir lebten mit ihm, waren ihm körperlich oft sehr nahe und waren doch innerlich so weit entfernt von allem, was ihn bewegte. Zweifellos gab Cuma uns Zeichen seiner Entfremdung, Signale seiner Hoffnungslosigkeit: daß er sich körperlich unwohl fühlte, daß er keinen Mut mehr hatte, zur Schule zu gehen, daß er kein Essen mehr zu sich nahm, daß er sich zunehmend von Gemeinschaftsveranstaltungen distanzierte. Wir haben nichts gehört, wir haben die Signale nicht oder mißverstanden.

Dieser Tod macht uns betroffen, er fordert uns heraus. Er macht uns auf schreckliche Weise unsere Ohnmacht und unser Ausgeliefertsein bewußt. Er zwingt uns aber auch, Fragen zuzulassen und aufzunehmen, die durch dieses Ereignis aufgeworfen werden. Fragen, die unbequem und hart sind und die wir gern verdrängen. Fragen aber, die angesichts der Radikalität und Unwiderruflichkeit des Todes ausgesprochen und ernst genommen werden müssen.

Die Ausländerfeindlichkeit in unserem Land wächst. Es gibt genügend Anzeichen, daß wir uns auf diesem bedrohlichen Weg befinden, dessen radikale Durchschreitung bis zum infernalischen Ende, zur Hölle, sich unsere Väter und Großväter im Dritten Reich schon einmal angemaßt haben. Wenn wir auch nur einen Funken aus dieser Geschichte des totalen Schreckens gelernt haben, dann müssen wir - wo wir auch stehen, draußen wie im Knast, im Kleinen wie im Großen - dazu beitragen, den Fremden unter uns als Mitmenschen zu akzeptieren und ihn in seinem Anderssein zu ertragen lernen. - Haben wir Cuma wirklich ernst genommen, haben wir seine ungeheure Angst vor der Rückkehr in die Türkei wahrgenommen? Bemühen wir uns eigentlich, die Sorgen und Ängste all derer zu hören und in uns aufzunehmen, die von der Ausweisung bedroht sind? Oder ist uns das nicht oft schnurzegal?

Die Zahl derer, die sich in unserer Anstalt das Leben nehmen, ist in den vergangenen zwei Jahren erschreckend gestiegen. Ich sehe die Gefahr, daß wir uns zu schnell damit abfinden, derartige Vorkommnisse mit Betriebsunfällen gleichzusetzen: "Das passiert eben, machen kann man da gar nichts - draußen steigt die Selbstmordrate ja auch!" Der Tod eines jungen Menschen fordert uns Zurückbleibende auf, daß wir uns in aller Schärfe und schonungslos dieser furchtbaren Realität stellen. Ausflüchte und Verdrängung sind nicht erlaubt. Wie gehen wir miteinander um? Nehmen wir uns noch wahr in unseren Sorgen und Ängsten? Trauen wir der Macht der Mitmenschlichkeit noch etwas zu? Oder sind wir schon so abgebrüht und abgestumpft, daß uns die lauten und leisen Verzweiflungsrufe des Nächsten kalt lassen? Daß vor lauter eigener, um sich selbst drehender Gedanken der andere in seiner Not bei uns nicht mehr vorkommt?

Diese Fragen stellen und bei sich zulassen kann nicht heißen, daß hier irgendwer oder irgendwelche verantwortlich, d.h. schuldig am Tod von Cuma gesprochen werden sollen. Wenn dieser Tod bei dir und bei mir etwas bewirken soll, dann durch das Hören und Ernstnehmen der durch ihn ausgelösten Fragen. Jeder mag für sich entscheiden, welche Nähe und welche Distanz, welches Maß an Wärme und Kälte er seinem Bruder gibt bzw. zu geben bereit ist. Sicher scheint mir, daß wir darin alle der Vergebung und Barmherzigkeit unseres Gottes bedürftig sind. Wo wir ehrlich und vorbehaltlos unsere Versäumnisse und unsere Unbarmherzigkeit vor ihm ausschütten, da wird uns ebenso vorbehaltlos die grenzenlose Liebe Gottes zuteil. Und wir werden fähig, uns gegenseitig unsere Schuld zu vergeben und miteinander zu leben.

In Ehrfurcht und Respekt vor dem Verstorbenen wollen wir uns erheben.

Christus spricht: "Ich lebe, und ihr sollt auch leben." Unser Bruder Cuma möge in Frieden ruhen. Im Namen des Vaters und des Sohnes und des Heiligen Geistes. Amen.

Christian Wahner

"Und bewahren, was bewahrt werden muß"

Zum Erzählen im Gottesdienst

Im alten Israel erzählten die Eltern ihren Kindern die Geschichte Gottes mit seinem Volk. Eine Geschichte der Rettung, der Führung und Bewahrung, wie es nachzulesen ist in 2. Mose 13, 14. Selbst als diese mündlichen Urformen der biblischen Überlieferung durch schriftliche Tradierung abgelöst wurden, blieb das Erzählen von Geschichten als ein gottesdienstliches Element bis heute erhalten. Ich denke hier nicht nur an das Erzählen biblischer Geschichten im Kindergottesdienst, sondern an Beispielgeschichten, die innerhalb der Predigt biblische Texte verdeutlichen oder interpretieren.

In den Praxishilfen für den Gottesdienst gibt es da schon eine ganze Menge Material, das aber nicht immer auch in einem Gefängnisgottesdienst verwendbar ist. Als ein exemplarisches Beispiel für das Geschichtenerzählen im Gottesdienst, habe ich darum eine Geschichte ausgewählt, die ich schon mehrfach in verschiedenen Situationen und zu verschiedenen Anlässen im Gefängnisgottesdienst erzählt habe. Die Geschichte gehört gewissermaßen schon zu mir und hat auch ihren Sitz in meinem Leben. Ich halte sie für eine immer wieder notwendige Geschichte, die eigentlich in keinem Lesebuch fehlen sollte. Irina Korschunow hat sie geschrieben. Sie trägt den Titel "Viele heißen Stahlmann" und ist im Dr. H. Buchner-Verlag, Krailling/München, erschienen.

Nun ist ja die Geschichte Gottes mit seinem Volk nicht immer ausschließlich eine Geschichte der Rettung, der Führung und Bewahrung gewesen, sondern gerade in unserer jüngsten Zeit auch eine Geschichte von unsagbarem Leid, mit Verfolgung, Unterdrückung und millionenfachem Tod. Und diese Geschichte des Volkes Israel führt uns zurück auf unsere eigene noch unbewältigte Vergangenheit. So wie früher die Eltern der Kinder Israels nicht müde wurden, ihren Söhnen und Töchtern die Geschichte Gottes mit seinem Volk als eine Geschichte der Rettung, der Führung und Bewahrung zu erzählen, so dürfen auch wir heute nicht müde werden, unseren Kindern zu erzählen, welch unsagbares Leid durch deutsche Menschen jüdischen Männern, Frauen und Kindern angetan worden ist.

*

Hören wir dazu diese Geschichte:

Nach dem Krieg steht eine Frau unter Mordanklage. Sie wird beschuldigt, Aufseherin in dem Konzentrationslager Theresienstadt gewesen zu sein. Ehemalige Häftlinge identifizieren sie als die berüchtigte Edith Stahlmann, der vorgeworfen wird, viele unschuldige Frauen und Kinder zu Tode gequält zu haben. Sie aber beteuert

118

verzweifelt, eine andere zu sein, und gibt ihre Identität mit Margarethe Rechkammer an. Über Rundfunk und Zeitungen werden Zeugen gesucht, die eine Margarethe Rechkammer kennen. Aber niemand meldet sich. So wird sie in einem Kriegsverbrecherprozeß nach dem Krieg zum Tode verurteilt.

Wenige Tage vor der Vollstreckung des Todesurteils meldet sich eine neue Zeugin, die angibt, Margarethe Rechkammer gekannt zu haben. Der Richter läßt die neue Zeugin rufen und ist nicht sonderlich erbaut darüber, daß sie sich jetzt erst meldet, nachdem die Akten über diesem Prozeß geschlossen sind. Er läßt die neue Zeugin hereinrufen und vernimmt sie zur Person.

"Sie heißen Lena Salomon?"

"Ja, ich heiße Lena Salomon."

"Salomon", fragt der Richter, "sind sie Jüdin?"

"Ja, ich bin Jüdin."

"Fräulein Salomon, wie kommt es, daß Sie sich jetzt erst melden? Die Stahlmann ist vor sieben Wochen verurteilt worden."

"Herr Richter, ich war lange krank, ich wollte von nichts wissen."

"Aber gehen Sie denn blind durch die Welt? Lesen Sie keine Zeitung, und hören Sie kein Radio?"

"Ich sagte es doch schon, ich war lange krank. Ich lag im Sanatorium nach der Befreiung, und ich wollte davon nichts wissen."

"Befreiung?", fragt der Richter.

"Ja, ich war im Konzentrationslager in Theresienstadt bis zum Schluß. Fünf Jahre lang. Die Verurteilte lebt doch noch?"

"Ja, sie lebt noch. Ich werde sie rufen lassen, und Sie werden ihr gegenübergestellt. Können Sie sich ein paar Fragen überlegen, so daß ich mir ein Bild machen kann über Ihre Identität? Fällt Ihnen dazu etwas ein?"

Der Richter telefoniert und läßt die Angeklagte und Verurteilte hereinführen.

"Fräulein Stahlmann, kennen Sie diese Dame hier?"

Die Verurteilte schaut die Zeugin an und sagt dann: "Ich weiß nicht. Irgend etwas kommt mir bekannt vor, aber ich weiß nicht."

"Stellen Sie Fragen", sagt der Richter.

"Sie sagen, daß Sie aus Schirbitz stammen?" fragt Lena Salomon.

"Wissen Sie noch, wem die Schuhgeschäfte dort gehört haben?"

"Ich glaube Tritzna und Bodenstein."

"Bodenstein?", fragt Lena Salomon. "Gehörte das Geschäft immer Bodenstein?"

"Nein, nicht immer, früher gehörte das Geschäft Salomon. Salomon!" Sie stockt, sie stürzt auf den Richter zu. Sie erkennt ihre ehemalige Schulfreundin.

"Herr Richter, dies ist Lena Salomon aus Schirbitz. Wir sind zusammen in die Schule gegangen. Herr Richter, ich bin unschuldig. Glauben Sie mir endlich. Dies ist Lena Salomon aus Schirbitz. Sie kann bezeugen, daß ich nicht jene berüchtigte Edith Stahlmann bin."

Sie stürzt auf Lena zu. "Lena, hilf mir doch. Ich will nicht sterben, ich bin unschuldig."
"Unschuldig?", fragt Lena. "Wir sind alle unschuldig."
"Wie meinen Sie das?", fragt der Richter.
Lena schaut ihre Schuldfreundin Margarethe lange an.
"Unschuldig? Denkst du an 1938?"
"Was war 1938?", fragt Margarethe. "Ich war noch ein Kind damals, ich war dumm und verhetzt. Ich will nicht sterben. Lena, hilf mir doch."
"Wie lange bist du zum Tode verurteilt?"
"Ich bin es seit sieben Wochen, Lena. Sieben Wochen Todesangst."
"Ich", sagt Lena, "ich war es fünf Jahre lang. Fünf Jahre lang Todesangst. Das frißt die Jugend auf. Du hast mich nicht gleich erkannt, nicht wahr? Ich sehe aus wie eine 40jährige. Fünf Jahre lang Todesangst. Weißt du immer noch nicht, was du mir angetan hast? Du warst die erste, die mich hinausgestoßen hat. Du warst die Tür zu Schrecken, Angst und Not."
Jetzt erinnert sich Margarethe. "Aber Lena, ich war ein Kind. Ich weiß noch, euer Geschäft war in der Berliner Straße. An der Kasse saß dein Großvater, der alte Herr Löwenthal, mit dem Schnurrbart, der war immer so freundlich zu uns."
"Tot." "Dein Vater und deine Mutter?" "Tot. Alle tot."
"Aber Lena, ich kann doch nichts dafür."
"Du hattest Macht, Margarethe. Du hattest Macht, erinnerst du dich an 1938. Kristallnacht. Die Schaufensterscheiben unseres Geschäftes waren eingeschlagen."
"Aber das betraf nicht mich. Das betraf meinen Großvater, meinen Vater und meine Mutter, aber nicht mich."
"Wir standen in der Turnhalle und übten für ein Stiftungsfest. 'Paarweise antreten', kommandierte die Lehrerin. 'Gebt euch gegenseitig die rechte Hand'. Die Lehrerin, Fräulein Lerch, geht die Reihe hinunter. Wir stehen nebeneinander, du und ich, das ergab sich so durch unsere Größe. Ich strecke dir die Hand entgegen. Und du? Sag, was du tust!"
"Ich, ja ich erinnere mich, ich sehe in die Luft."
"Ja, du siehst in die Luft. Du siehst sie nicht, meine Hand, meine Bitte. 'Warum gibst du Lena nicht die Hand?', fragt die Lehrerin scharf und schaut dich scharf an. Du hältst ihrem Blick stand. 'Anfassen', kommandiert sie."
"Ja, ich erinnere mich. Ich sehe ihren Blick, und ich halte ihrem Blick stand."
"Ja, Margarethe, du hattest Macht. Du hattest Macht, uns beide zappeln zu sehen. 'Ihr dürft beide zusehen', sagt die Lehrerin. Am nächsten Tag durfte ich nicht mehr in die Schule gehen. Juden unerwünscht, stand an der Schule. Hast du es nicht begriffen, was du mir angetan hast, Margarethe. Hast du nicht gemerkt, daß du die erste warst, die mich hinausgestoßen hat in Schmerzen, Angst und Tod? Du warst es, die Tür zu dem Schrecken."

Margarethe nach längerem Schweigen: "Also doch Stahlmann."
Und Lena antwortet: "Viele heißen Stahlmann."

Liebe Zuhörer, auch ich heiße Stahlmann, denn auch in mir steckt der unwiderstehliche Drang, Macht, die ich über andere Menschen bekomme, zu gebrauchen oder auch zu mißbrauchen, um mich selbst zu beweisen, um mein Selbstbewußtsein damit zu heben und zu stärken. Deshalb stellt sich für mich von dieser Geschichte her die Frage nach Macht und Machtmißbrauch. Sie zeigt für mich in eindrücklicher Weise, daß der Holocaust, der Völkermord, den die Nationalsozialisten in den Konzentrationslagern begangen haben, nicht erst dort beginnt, wo Menschen zu Tode gequält werden, sondern daß der Völkermord da beginnt, wo ein Mensch dem anderen die Hand verweigert. Wo ein Mensch dem anderen die Anerkennung als Mensch verweigert, da geschieht es, daß der Boden bereitet wird für solch unsagbares Leid.

*

Für die Geschichte im Gottesdienst sehe ich eine ganze Reihe von Verwendungsmöglichkeiten.

Ich selbst habe die Geschichte im Gottesdienst zum ersten Mal anläßlich des vierzigjährigen Gedenkens an die Kristallnacht am 9. November 1978 erzählt.

Zum anderen habe ich sie danach zum Thema "Macht und Machtmißbrauch" schon öfter eingebracht.
Gerade in einem Gefängnis, in dem sich die Gefangenen in ihrer Ohnmacht des Gefangenseins oft als Opfer von staatlicher Macht empfinden, kam es mir darauf an, ihnen auch deutlich zu machen, wie sehr sie selbst im Gefängnis in der Gefahr stehen, Macht, die sie über andere haben, zu mißbrauchen. Es vergeht ja auch kein Tag im Gefängnis, an dem nicht einer dem anderen in irgendeiner Weise seine Stärke beweisen will, indem er Macht, die er über andere bekommt, auch mißbraucht.

Es gibt hier eine ganze Fülle von Beispielen zur Konkretion in einem Gefängnis, angefangen bei den Neuankömmlingen, die von den Stärkeren und Erfahreneren unter Druck gesetzt werden, indem sie von ihnen einen sogenannten Schutzzoll verlangen als Bezahlung für die Beschützung bei eventuellen Handgreiflichkeiten.

Noch eine andere Möglichkeit der Verwendung sehe ich im Zusammenhang mit einem Bibeltext, der für mich in einer ganz deutlichen Parallele zu der Erzählung steht.

Es ist die Perikope vom Oberzöllner Zachäus (Lk. 19,1-10), der auch seine Macht an der Zollschranke zu Jericho mißbrauchte, um sich selbst mit der Forderung von Wucherzöllen die sonst fehlende Anerkennung zu erpressen. Das aber brachte ihm wiederum nur noch mehr Verachtung ein. Von dieser biblischen Erzählung her bietet sich auch eine biblische Lösung an zur Durchbrechung des Teufelskreises von Macht und Machtmißbrauch.

Nachdem Jesus sich selbst als Gast in das Haus des Erpressers einlädt, die Isolation zu ihm durchbricht und ihn als Gastgeber so annimmt, wie er ist, hat es Zachäus nun nicht mehr nötig, Macht zu mißbrauchen, um andere vor sich kriechen zu sehen.

Einen anderen wichtigen thematischen Zusammenhang sehe ich von der Erzählung aus zu unserer immer noch unbewältigten Vergangenheit. Gerade wenn heute Menschen fragen, warum achtunddreißig Jahre nach Kriegsende immer noch Kriegsverbrecher aus der Nazizeit vor Gericht gestellt werden müssen, und warum wir immer noch in der Vergangenheit wühlen und kein Gras über diese dunkle Vergangenheit wachsen lassen, bietet diese Geschichte einen wichtigen Anstoß zur Frage nach den Ursachen.

Die aktuelle Frage lautet, ob nicht heute wie damals der Boden bereitet wird für Menschenverachtung und damit für eine ähnliche Katastrophe. Gerade im Blick auf die jetzt so laut werdenden ausländerfeindlichen Parolen ist die Geschichte eine immer wieder notwendige Mahnung, uns vor Augen zu stellen, daß bereits mit solchen Parolen und Feindbildern die Weichen gestellt werden zu Menschenverachtung und Menschenvernichtung.

Was die Form des Erzählens betrifft, so plädiere ich nachhaltig für das freie Erzählen und ermutige zum Wiederholen dessen, was bewahrt werden muß.

Werner Wendeberg

"Leib und Seele, Augen, Ohren und alle Glieder, Vernunft und alle Sinne"

Zur Verwendung von Liedern, Bildern und Gebetstexten
in Gefängnisgottesdiensten

Während meiner Tätigkeit als Gemeindepfarrer habe ich besonders gern Kindergottesdienst zusammen mit Helfern und Kindern gestaltet und hier gelernt, wie wichtig es ist, nicht nur das Zuhören, sondern alle Sinne einsetzen zu können. Entsprechend der Erklärung Luthers zum ersten Artikel gilt: "Ich glaube, daß mich Gott geschaffen hat samt allen Kreaturen, mir Leib und Seele, Augen, Ohren und alle Glieder, Vernunft und alle Sinne gegeben hat und noch erhält." Und ich bin sicher, daß eine ganzheitliche sinnliche Wahrnehmung die Erfahrung von Sinn erleichtert oder überhaupt erst möglich macht. Vermutlich fühlen sich viele Erwachsene von Weihnachts- und Erntedankgottesdiensten aus ähnlichen Gründen besonders angesprochen, weil man hier etwas hören und sehen, fühlen und riechen kann, was vertraut und angenehm ist.

Von Gefangenen im Gefängnisgottesdienst habe ich weiter lernen können, wie wichtig die nonverbalen Elemente des Gottesdienstes sind: Ein im Gottesdienst verteiltes Bild wurde von vielen noch längere Zeit in der Zelle aufgehängt; der Vers eines Liedes, wie mir gesagt wurde, der Freundin im nächsten Brief geschrieben; die Besorgung des im Gottesdienst verwendeten Posters erbeten; die Kerze mit Hoffnungszeichen geschmückt und bei der Wärme des Kerzenlichtes noch auf der Zelle empfunden, was unaussprechlich ist; die nach dem Gottesdienst verteilte Blume wurde oft geradezu beschützt, damit sie möglichst lange blühen kann, wo doch ansonsten Blumen und Pflanzen auf der Zelle verboten sind; Brot und Wein oder Saft haben wir immer wieder bei der Mahlfeier ganz bewußt betrachtet, gerochen, angefaßt und geschmeckt; auf Zeichenhandlungen (zum Beispiel ein Friedensnetz knüpfen; den dürren Stecken des Christophorus entsprechend der Legende blühen zu lassen; Mauern aus Karton benennen, auf- und abbauen usw.) wurde ich noch in der folgenden Woche mehrfach angesprochen, denn ein Gedanke war angekommen und hatte eigene Phantasie freigesetzt.

Besonders hilfreich waren mir mehrere Materialhefte, die von der Beratungsstelle der Evangelischen Kirche in Hessen und Nassau für Gestaltung von Gottesdiensten und anderen Gemeindeveranstaltungen herausgegeben werden (Anschrift: Eschersheimer Landstr. 565, 6000 Frankfurt/M.): Nr. 20 Gottesdienst für Festtage, Nr. 27 Geschichten in Gottesdiensten mit Konfirmanden, Nr. 30 Schatzkasten Gottesdienst 1, Nr. 31 Schatzkasten Gottesdienst 2, Nr. 32 Geschickt zum Reich Gottes, Kindergottesdienste, Nr. 36 Liturgieentwürfe für das Kirchenjahr, Nr. 38 Mit Konfirmanden: Spuren Gottes suchen.

Lieder

Jeder, der gern singt, hat mehrere Lieblingslieder. Text und Melodie eines solchen Liedes stehen oft dann in einer ganz persönlichen Erfahrungs- und Traditionsgeschichte gerade mit diesem Lied. Solch ein Lieblingslied ist Teil meiner Lebensgeschichte. Und selbst der, dem diese meine Geschichte mit diesem Lied fremd ist, erlebt, wenn er mich dieses Lied singen hört, daß ich damit etwas verbinde, was einfach "echt" ist, und wird dabei oft sogar ermuntert miteinzustimmen und mitzusingen. Aus diesem Grund wähle ich die Lieder für den Gottesdienst in der Regel ganz nach meinem persönlichen Geschmack aus. Oft sind das dann Lieder, die auch rhythmisch und melodisch eingängig sind. Ich stelle dabei fest, daß selbst die, die im Gottesdienst nicht mitsingen, sich im Takt dazu bewegen und durch Körpersprache mit-"singen".

Aus dem Gesangbuch, einschließlich dem Beiheft zum EKG "Singe Christenheit", suche ich fast immer nur Lieder aus, die möglichst vielen Gottesdienstteilnehmern bekannt und leicht mitzusingen sind und die mir auch gefallen und keine "Trauermärsche" sind, wie ein Gefangener einmal die Kirchenlieder nannte, die ihm nicht gefallen würden.

Zur Begleitung der Lieder steht uns nicht immer die Organistin zur Verfügung. So hat sich eingebürgert, daß ich oft zur Begleitung den Kassettenrecorder und die Verstärkeranlage einsetze. Noch besser würde mir gefallen, wenn eine Gruppe von Gefangenen als Musikgruppe den Gottesdienst mitgestalten könnte.

Als Schlußlied in jedem Gottesdienst singen wir, seit wir mit einer Gruppe von Gefangenen am Kirchentag 1981 in Hamburg teilgenommen haben, "Komm, Herr, segne uns" von Dieter Trautwein, zuerst veröffentlicht in den Frankfurter Liedern (hrsg. von der oben genannten Beratungsstelle). Dieses Lied hat also für unsere Gefängnisgemeinde inzwischen eine eigene Traditionsgeschichte. Und selbst auf den, der diese Tradition nicht kennt, überträgt sich, daß wir dieses Lied gern singen und echte Empfindungen damit verbinden, so daß auch für diesen schon bald "unser" Schlußlied vertraut ist und es einfach als fester liturgischer Baustein dazugehört.

Ich empfinde es als vorteilhaft, für jeden Gottesdienst ein neues Blatt mit den vorgesehenen Liedern und Texten zusammenzustellen und zu kopieren und erspare damit mir und den Gottesdienstteilnehmern lästiges Suchen und Blättern.

An Liedsammlungen, zusätzlich zu Gesangbuch und Beiheft, benutze ich gern: "Mein Liederbuch für heute und morgen" (erschienen im tvd-Verlag, Düsseldorf, Eugen-Richter-Str. 10, 4000 Düsseldorf 30) sowie die dazu erschienenen "Lieder zum Mitsingen"; "Schalom", Ökumenisches Liederbuch. Burckhardthaus-Verlag Gelnhausen, 1971; ferner die Liederhefte zu den Kirchentagen seit 1975. - Aufnahmen der vielen bekannten Lieder von Peter Janssens sind zu beziehen bei P. Janssens Musik-Verlag, Warendorfer Str. 1, 4404 Telgte. Darüber hinaus geben die Medienstellen vieler Landeskirchen weitere jeweils aktuelle Informationen.

Wichtiger als alle Hinweise auf neue Lieder bleibt jedoch für mich die Überzeugung, daß Lieder das geeignetste gottesdienstliche Medium sind, sich am Gottesdienst aktiv zu beteiligen. Hier können auch Gefangene sich frei singen.

Bilder

Bilder prägen sich besser ein als Worte. Und Gedanken zu einem Bild setzen eigene Assoziationen frei, und laden zu persönlicher Beteiligung ein. Ich benutze deshalb gern ab und zu ein Poster, das ich als Antependium am Lesepult befestige oder an der Holzwand hinter dem Altar auch über längere Zeit aufhänge.

Auch mit der Verwendung von Dia-Serien zur Meditation habe ich gute Erfahrungen gemacht und mir dazu im Laufe der Zeit eine Diasammlung zusammengestellt. Wegen des großen technischen Aufwandes und der Schwierigkeit, die Kirche zu verdunkeln, setze ich jedoch relativ selten Dias ein, finde aber immer wieder vorteilhaft, daß solche groß projizierten Bilder gut zu betrachten sind.

Beim Einsatz von Film oder Tageslichtprojektorfolien hatte ich selbst den Eindruck, daß aus dem Gottesdienst eine Lehrstunde oder eine bloße Gruppenstunde wurde. Ich setze deshalb diese Medien im Gottesdienst nicht mehr ein.

Dagegen verbinde ich sehr gute Erfahrungen mit der Verwendung von Bildpostkarten, die jeder Gottesdienstbesucher gut mit betrachten und dann auch selbst nach eigenen Wünschen weiter benutzen kann. Ich bedauere, daß es nicht häufiger zu gut brauchbaren Postern auch verkleinerte Abbildungen als Postkarten gibt. Was zu den Liedern gesagt wurde, gilt auch hier: jeder hat "seine" Bilder und kann dann auch seine damit verbundenen Empfindungen leicht weitergeben. Für mich waren das z.B. folgende Bilder:

- Zweig der Hoffnung, erschienen als Denkbild bei der oben genannten Beratungsstelle (Materialheft 16/1975 "Spielstücke"). Ich habe dieses Bild als Symbol für meine Seelsorgearbeit im Gefängnis empfunden, im Gottesdienst zu 2. Kor. 4,6.8-10 "betrachtet" und dann aufgenommen in dem Lied "Abschied von der Angst" mit dem Refrain "Gib einen warmen Regen, Herr, und laß den Zweig meiner Hoffnung nicht verdorren" (Studiogruppe Baltruweit beim Kirchentag 1979 in Nürnberg). Noch monatelang hatten wir dieses Bild in der Kirche.

- Leben, erschienen als Poster Nr. 2 bei Edition Rau, Philipp-Holzmann-Straße 48, 6072 Dreieich; dort auch als Postkarte erhältlich. Ich habe dieses Bild bei einem Reformationsgottesdienst zum Thema "...wie ein guter Vater" verwendet. Noch heute muß ich immer wieder dieses Bild besorgen; offenbar nimmt es den Wunsch so vieler Gefangener auf, Zärtlichkeit geben und empfangen zu können.

- Friede, bei Edition Rau erschienen als Poster Nr. 18 und auch als Postkarte. Einen Vorschlag, dieses Bild mit den Brot brechenden Händen im Erntedankgottesdienst einzusetzen, vgl. Seite 83.

- Geborgenheit, bei Edition Rau erschienen als Poster Nr. 9 und auch als Postkarte. Dieser "Lichtblick" war ein gutes Meditationsbild im Weihnachtsgottesdienst und auch zu Joh. 8,12.

Zusätzlich zu den bereits erwähnten Denkbildern der Beratungsstelle für Gestaltung, Frankfurt, und den Postern und Karten der Edition Rau, Dreieich, weise ich auf die meditativen Plakate und Doppelkarten hin, die vom Diakonischen Werk der EKD, Öffentlichkeitsarbeit, Postfach 476, 7000 Stuttgart 1 herausgegeben wurden.

An Fotosammlungen war mir die Mappe "Exemplarische Bilder", herausgegeben von Wolfgang Dietrich, erschienen im Burckhardthaus-Verlag, Gelnhausen, eine gute Vorlage für Dias.

Über Dia-Sammlungen informieren die landeskirchlichen Ton- und Bildstellen. Besonders brauchbar finde ich die Dia-Meditationen des Impuls-Studio, Ottweiler Str. 6, 8000 München 83.

Gebete

Mir ist aufgefallen, daß mehr Gefangene beten (klagen, bitten, staunen, danken), als ich dachte. Dazu kommen viele, die ihre Gedanken sammeln, zum Teil auch aufschreiben, in einer Form, die sie selbst nicht als Gebet bezeichnen würden, und die doch der Form der Psalmen oder der Meditation sehr ähnlich ist.

Gefangene haben mich sehr hellhörig gemacht für eine bescheidene und ehrliche Sprache, gerade auch bei der Formulierung von Gebeten. Lk. 18,9-14, Pharisäer und Zöllner, zeigt meines Erachtens auch nicht nur die Selbstgerechtigkeit des Frommen, sondern auch, daß Gott den (er)hört, der persönlich glaubwürdig in schlichten Worten sagt, was ihn konkret bewegt. Übrigens schreibt auch Karl Barth in seiner Vorbemerkung zu "Den Gefangenen Befreiung" (Predigten aus den Jahren 1954-1959 in der Baseler Strafanstalt), daß ihm Gebete bei der Vorbereitung und dem Halten der Gottesdienste "mindestens ebenso wichtig waren wie die Predigten selbst".

In unseren Gefängnisgottesdiensten haben wir meistens zu Beginn eine Besinnung, in der eine besondere Erfahrung bedacht und meditiert und hier im Gottesdienst vor Gott zur Sprache gebracht wird. Gebetsanrede und -schluß verwende ich hierbei nur selten. Nach Lesung oder Erzählung, Lied und Predigt folgt dann das Schlußgebet und Vaterunser in der üblichen Gebetsform, doch auch hier so formuliert, wie ich auch sonst spreche. Gerne benutze ich auch Gebete, die Gefangene selbst formuliert haben und bete dann "mit Worten und Gedanken von einem von uns".

Die Gebete in den Gottesdiensttagenden sind, das ist meine Erfahrung, in Gefängnisgottesdiensten wenig brauchbar. Anregungen für die Erstellung

eigener Texte finde ich immer wieder bei: Jörg Zink: Wie wir beten
können. Stuttgart, Berlin, 1970; Petrus Ceelen: Hinter Gittern beten.
Freiburg, 1978; Petrus Ceelen und Carlo Carretto: Ehrlich vor Gott.
Freiburg, 1981; Petrus Ceelen: So wie ich bin. Gespräche mit Gott.
Düsseldorf, 1982; Liturgieentwürfe für das Kirchenjahr (Materialheft der
o. g. Beratungsstelle). Frankfurt, 1982.

Gerne benutze ich auch das Buch "Psalmen in der Sprache unserer Zeit.
Der Psalter und die Klagelieder", eingeleitet, übersetzt und erkärt von
Erhard Gerstenberger, Konrad Jutzler und Hans Jochen Boecker, 3.
Auflage, Neukirchen, 1983. Gefangene selbst äußern sich besonders
positiv über Hefte der Reihe "Für jeden freien Tag" und "An jedem neuen
Tag", die von der Arbeitsgemeinschaft Missionarische Dienste, Postfach
476, 7000 Stuttgart 1, herausgegeben wurden, und über die ehrliche
Sprache des Gefängnisseelsorgers Petrus Ceelen in seinen Büchern.

Doch wichtiger als solche Hinweise auf Gebetsvorlagen bleibt mir meine
Grundthese, daß ein Gefangener, von dem ich Offenheit erwarte, ein
Recht hat, auch mich in aller Offenheit zu erleben; wie ich mich schwer
tue, zu sagen, was ich glaube; wie ich zweifle, staune, hoffe; manche
Erfahrungen mich mit Dank, andere mit Zorn oder auch mit Schmerz
erfüllen. Und wie wir miteinander versuchen, so gut es geht, dies alles "mit
allen Sinnen" vor Gott zur Sprache zu bringen. Und dies tut uns dann
gemeinsam gut.

Autorenverzeichnis

Gerhard Hechler, geb. 1944, Pfarrer und Diplomsozialarbeiter, 1972 Gemeindepfarrer in Weiterstadt, seit 1979 im Schuldienst (Schuldorf Bergstraße in Seeheim-Jugenheim)

Herbert Koch, geb. 1942, Pastor, Dr. theol., 1970 Gemeindepfarrer in Kassel, 1972 beim Kirchlichen Dienst in der Arbeitswelt (KDA) in Hannover, seit 1977 an der Justizvollzugsanstalt Hannover (Untersuchungs- und Strafhaft, geschlossener Vollzug)

Peter Kratz, geb. 1944, Pfarrer, 1973 Gemeindepfarrer in Viernheim, 1976-1983 an der Justizvollzugsanstalt Wiesbaden (Strafhaft für Heranwachsende, Untersuchungshaft für Jugendliche) und, bis 1981, an der Justizvollzugsanstalt Mainz (Untersuchungshaft für Männer, Frauen und Jugendliche, Strafhaft), seit 1983 Gemeindepfarrer in Wiesbaden-Biebrich

Peter Rassow, geb. 1928, Pastor, 1957-1965 Gemeindepfarrer in Hannover und in Osnabrück, 1965-1981 an der Justizvollzugsanstalt Celle I (Strafhaft, geschlossener Vollzug, Sicherungsverwahrung, Abteilung für Untersuchungshaft), seit 1981 Beauftragter des Rates der EKD für Fragen der Seelsorge in den Justizvollzugsanstalten

Dietrich Schulz, geb. 1938, Diakon, 1961-1973 in Kirchengemeinden in Wuppertal und Geesthacht, 1973-1977 in Namibia (Südwestafrika), 1977-1983 im Nordelbischen Zentrum für Weltmission und kirchlichen Weltdienst in Hamburg, seit 1983 an der Justizvollzugsanstalt Vierlande in Hamburg (Strafhaft, offener Vollzug)

Karl Steinbauer, geb. 1937, Pastor und Diplom-Pädagoge, 1965 Gemeindepfarrer in Röthenbach/St. Wolfgang bei Nürnberg, seit 1971 an der Jugendanstalt (ab 1982: Jugenduntersuchungshaftanstalt) Vierlande, zusätzlich seit 1980 in der Justizvollzugsanstalt Vierlande in Hamburg (Strafhaft, offener Vollzug)

Christian Wahner, geb. 1941, Pfarrer, 1973 Gemeindepfarrer in Frankfurt-Höchst und nebenamtlich, seit 1979 hauptamtlich an der Justizvollzugsanstalt Frankfurt am Main II (Untersuchungshaft für Jugendliche und Heranwachsende) und, seit 1979, an der Justizvollzugsanstalt Frankfurt am Main I (Untersuchungshaft für Erwachsene)

Werner Wendeberg, geb. 1944, Pfarrer, 1971-1980 Gemeindepfarrer in Biebesheim und Ober-Roden, seit 1980 an der Justizvollzugsanstalt Darmstadt (Untersuchungs- und Strafhaft für Heranwachsende und Erwachsene)

Quellennachweis

Wir danken den Verlagen für folgende Abdruck-Genehmigungen auf Seite:

5   Vera Kamenko: Gefängnistagebuch, in: Unter uns war Krieg. Autobiografie einer jugoslawischen Arbeiterin. Rotbuch Verlag, Berlin, 1978

64, 67   Jörg Zink: Wie wir beten können. Kreuz-Verlag, Stuttgart, 1963 (Zink, Beten)

64, 74   Die Gute Nachricht. Das Neue Testament in heutigem Deutsch. Deutsche Bibelstiftung, Stuttgart, 1971

65, 66   Lothar Zenetti: Sieben Farben hat das Licht. Verlag J. Pfeiffer, München, 1975 (Zenetti, Sieben Farben)

66   Jörg Zink: Was Christen glauben. Gütersloher Verlagshaus Gerd Mohn, Gütersloh, 1969 (Zink, Glauben)

67   Lothar Zenetti: Texte der Zuversicht. Verlag J. Pfeiffer, München, 1972 (Zenetti, Zuversicht)

72   Friedrich Karl Barth (Text), Peter Janssens (Melodie) in: Singe, Christenheit. Bärenreiter-Verlag, Kassel, 1981 (Singe, Christenheit)

72   Erzählung "Hunger": abgedruckt (ohne Quellenangabe) in: Der Prediger und Katechet, 115. Jg., H. 5/1976, S. 615

73   Eckart Bücken (Text), Oskar Gottlieb Blarr (Melodie) in: Exodus. Zur Hoffnung berufen. Lieder aus der Beatmesse zum 18. Deutschen Evangelischen Kirchentag Nürnberg 1979. tvd-Verlag, Düsseldorf, 1979 (Exodus)

73   Friedrich Walz (Text) in: Singe, Christenheit

75   Dietrich Steinwede (Hrsg.): Das Hemd des Glücklichen. Ein Arbeits- und Vorlesebuch: Märchen. Gütersloher Verlagshaus Gerd Mohn, Gütersloh, 1976

77   Alois Albrecht (Text), Peter Janssens (Melodie) in: Wir haben einen Traum (Schallplatte). Peter Janssens Musik Verlag, Telgte

77   Dieter Trautwein (Text), Herbert Beuerle (Melodie) in: Frankfurter Lieder, 2. Aufl., Burckhardthaus-Laetare Verlag GmbH, Gelnhausen, 1979 (Frankfurter Lieder)

78   Dieter Trautwein (Text und Melodie) in: Frankfurter Lieder

81   Jörg Zink, Womit wir leben können. Kreuz-Verlag, Stuttgart, 1963 (Zink, Leben)

82, 87 Friedrich Karl Barth (Hrsg.): Liturgieentwürfe für den Gottesdienst. Beratungsstelle für Gestaltung von Gottesdiensten und
anderen Gemeindeveranstaltungen, Frankfurt, 1979 (Liturgieentwürfe)

82 Hans-Jürgen Netz (Text), Peter Janssens (Melodie) in: Exodus

83 Hildegard Wohlgemuth, Klaus Landauer in: Nicht vom Brot allein.
Neue Geistliche Lieder des Deutschen Evangelischen Kirchenta-
ges Düsseldorf 1973 (Schallplatte). Schwann Studio, Düsseldorf,
1973

83 Poster "Frieden": Foto Hans Jürgen Rau, "Aktion Behinderte",
Edition Rau, Dreieich

87 Friedrich Karl Barth, Gerhard Grenz, Peter Horst: Gottesdienst
menschlich. Eine Agende. Jugenddienst-Verlag, Wuppertal, 1973
(Gottesdienst menschlich)

88 Hans-Jürgen Netz, Christoph Lehmann in: Lateinamerikanische
Beatmesse "Einer trage des anderen Last". Zum Deutschen
Evangelischen Kirchentag Berlin (Schallplatte). Thomas-Verlag,
Düsseldorf, 1977

88 Friedrich Karl Barth, Gerhard Grenz, Peter Horst: Gottesdienst
menschlich 2. Eine Agende. Jugenddienst-Verlag, Wuppertal, 1980
(Gottesdienst menschlich 2)